孙子十三篇今解

黄绍筠 著

浙江工商大学出版社
ZHEJIANG GONGSHANG UNIVERSITY PRESS
·杭州·

图书在版编目（CIP）数据

孙子十三篇今解/黄绍筠著.—杭州：浙江工商
大学出版社，2022.1（2022.11 重印）
ISBN 978-7-5178-4684-0

Ⅰ.①孙… Ⅱ.①黄… Ⅲ.①《孙子兵法》—注释
Ⅳ.① E892.25

中国版本图书馆 CIP 数据核字（2021）第 201802 号

孙子十三篇今解
SUNZI SHISAN PIAN JIN JIE

黄绍筠　著

责任编辑	熊静文
封面设计	沈　婷
责任印制	包建辉
出版发行	浙江工商大学出版社
	（杭州市教工路 198 号　邮政编码 310012）
	（E-mail：zjgsupress@163.com）
	（网址：http://www.zjgsupress.com）
	电话：0571-88904980，88831806（传真）
排　　版	杭州市拱墅区冰橘平面设计工作室
印　　刷	杭州高腾印务有限公司
开　　本	880mm×1230mm　1/32
印　　张	8.125
字　　数	161 千
版 印 次	2022 年 1 月第 1 版　2022 年 11 月第 2 次印刷
书　　号	ISBN 978-7-5178-4684-0
定　　价	55.00 元

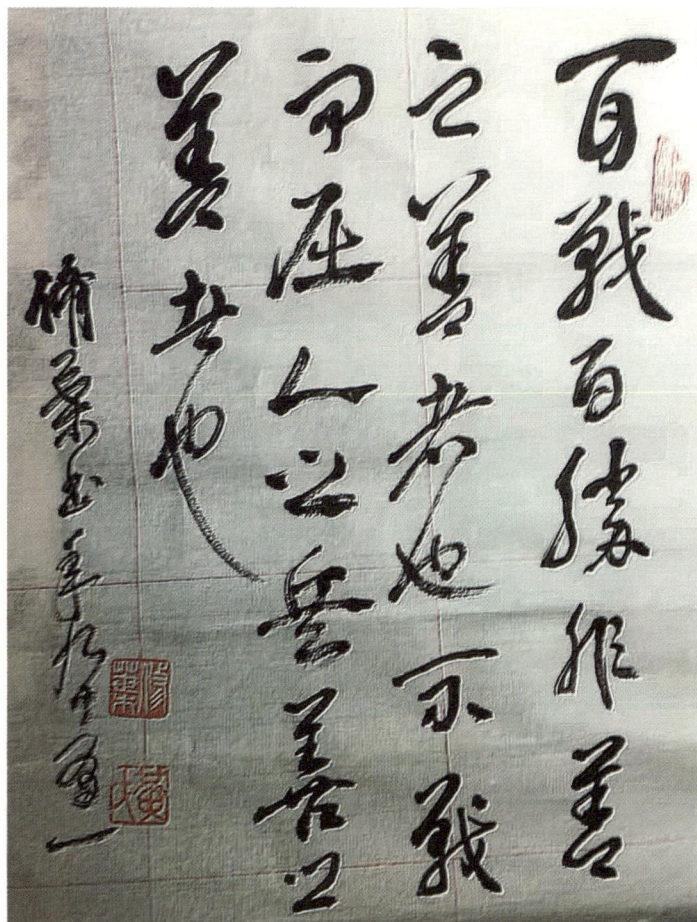

百战百胜，非善之善者也，不战而屈人之兵，善者也

作者手书

作者简介：黄绍筠，字修叶，男，福建省宁德市人。一九三一年出生于石壁岭上大岭头村。中华人民共和国成立前入伍。幼年上过私塾、师范，复旦大学中文系汉语言文学专业（五年制）毕业。在山东师范学院、温州师范学院、杭州商学院、浙江工商大学等校任教三十多年。离休后专注于古籍整理和汉语运用研究。著有《中国第一部经济史汉书食货志》《商道流芳录——中国商业文化百例》《修叶诗草》《中华古典诗歌吟味》《修身论语》《论语重构本》《故园情》《青春记》《文史笔记》《散文小品》《汉语运用》《楷书基础》等。

学子学刊
1992/1
创刊号

中国未来研究会浙江研究组成立合影于
1981年6月24日

前左起黄绍筠、詹士林、钱江、毛继祥，右二陈仙波。后左二
张光耀，右一张运涛，右四张苏

宋版书影 《孙子十家注》

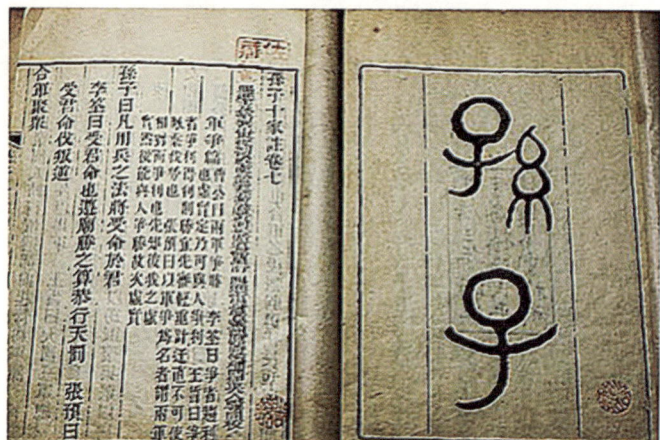

银雀山出土 《孙子》汉简

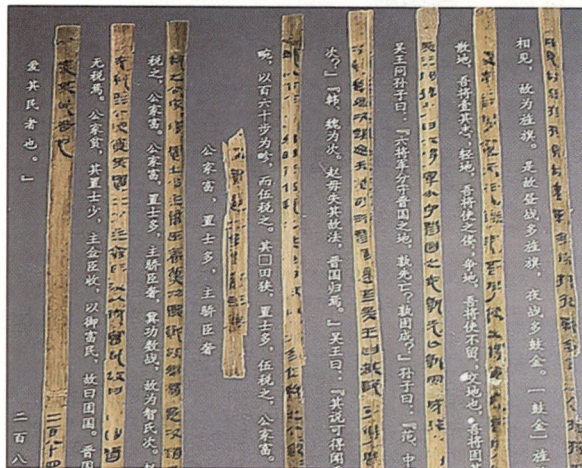

目录

序

　　黄绍筠老先生以九十一岁的高龄写成《孙子十三篇今解》一书，令人敬佩。兵法名著《孙子十三篇》（简称《孙子》）前人研究已经很深透，今人几乎有难以为继的感觉。黄先生却对《孙子》情有独钟，知难而上，潜心研究《孙子》三十余年，终成正果，写出了这样一部有分量的今解之书。我觉得这本书有新见、有新意。正像黄先生自己所说，他是从两大难点突破的：一是语言关，二是认识关。在《孙子》文本语言上，黄先生认为《孙子》在古代汉语中因古奥而又富韵律，加之方言与古今音变，所以难以识读。前代注家多以"错简""字讹"随意改动文本，今人又多好从上下文猜测意译，黄先生则更注重对《孙子》文本的考证校正。他追求一种简明通俗的文本，注解简明扼要，译注互文见义，删繁就简，译文既保留原文韵味，又达到现代汉语规范。在《孙子》思想认识上，黄先生注重开掘《孙子》思想的深度，认为《孙子》普及本的读者最关心的，还是《孙子》书中蕴含的具有普遍性的哲理，所以他对《孙子》的注解都力求把一般的兵法作战思想上升到军事哲学的高度来认识。在每篇解题和导语中，都重点突出揭示孙子将普遍哲理与具体战况相结合的兵法作战思想的特点，把握到了《孙子》思想中"矛盾对立，无不在一定条件下向对立面转化"的军事辩证法哲学。黄先生的《孙子十三篇今解》正是从这两个难点切入突破，形成了他这本今解之书的特点。在章句注解上，他把握到《孙子》一书本身的语言特征，并根据这种语言特征准确理解与注释字句的真义。他以多年阅读研究《孙子》的经验感受到《孙子》在字句上多属四字句，排比押韵，骈散交错，既有《诗经》四言体的整齐美，又不失战国诸子散文的活泼流畅，用词简洁，修辞多样。根据这种认识，他精辟揭示了《孙子》的语言特色，如辞约义丰、借喻论理、排偶韵律、推理严密等；指出《孙子》是议论文，已具备概念、判断、推理诸要素；《孙子》在写法上已能有意识围绕一个论题组织篇章结构，展开论述；《孙子》中已经基本上没有古今字兼代的现象，这可以用作测定语言时代的一种"试剂"；并且《孙子》已较多使用双音词。黄先生的这些看法多能给人以启发，让人感受到他的文本释读是严谨不苟的。在对《孙子》的认识上，黄先生也高屋建瓴，思路别开。他把《孙子》军事作战的兵法思想上升到了矛盾对抗的军事哲学高度，将兵"法"升华到兵"理"，将战术、战法升华到哲理、哲学。前人对《孙子》，一般都是从"兵法""战法"视角解读各篇大义，黄先生却从"军事哲学"的视域做深度诠释。他把十三篇的思想明确概括为决策预测论、速战速胜论、上兵伐谋论、攻守形变论、奇正造势论、避实击虚论、军争主动论、机动应变论、处军相敌论、地形胜败论、战地心理论、特殊战术论、间谍情报论等，从中挖掘出丰富的军事哲学思想，极有见地。其中尤对军事预测学、诡道与任势的对抗思维及军事心理战做了深入的分析，引人注目。所以我认为黄先生写的导语《我们怎样读〈孙子〉？》极有实践的意义和价值，值得我们重视。他提出的八大问题，对我们现代人了解与认识孙子的兵法思想与军事哲学有一定的指导意义。

当前《孙子》仍然是中国传统文化研究的一个热门，如同阳明学研究一样成为全民关注的文化焦点。《孙子》的兵法思想与军事哲学的价值与意义，已经超越了单纯军事领域的范围，政治、经济、文化、管理、科研、体育等各个领域，无不奉《孙子》为经典，广泛学习运用。我认为黄先生《孙子十三篇今解》的出版适逢其时，为我们提供了一部优秀的普及版的解读文本。这本小书其实内容厚重，版本精善，文字简练，注解明晰，译读准确，通俗易懂，化烦琐为简约，可以说是一部极佳的大众简明读物。相信该书的出版，将会对孙子兵法思想与军事哲学的传播、推广和普及产生有益的作用。

束景南

2021 年 5 月 10 日

导语：我们怎样读《孙子》？

一、孙子何许人

据司马迁《史记》所载，孙子，姓孙，名武，齐国人。避乱来到吴国，被伍子胥推荐给吴公子光。鲁昭公二十八年（公元前514年），公子光利用吴国出兵袭击楚国而受困的时机，派勇士专诸（《左传》称"鱄设诸"）用鱼肠剑刺杀吴王僚，发动政变夺得王位，称吴王阖庐。阖庐接见了孙武，说："子之十三篇，吾尽观之矣，可以小试勒兵乎？"孙武回答："可。"阖庐又问："可试以妇人乎？"孙武回答："可。"于是孙武选用宫女一百八十人，分为两队，并以吴王的两个宠姬分别担任队长。孙武就以实战的军法军纪当面进行军事操练。开始宫女们对这一套觉得好笑，很不严肃。孙武按照军法，三令五申，反复两次还是不听，就动用军法。他说："约束不明，申令不熟，将之罪也。既已明而不如法者，吏士之罪也。"依法两个队长必须斩首。吴王吓了一跳，连忙派人讲情："寡人非此二姬，食不甘味，愿勿斩也。"可是孙武回报他："将在军，君命有所不受。"立即处斩二姬，换了新队长，继续训练。这样一来，全体严格听命，动作符合规矩，都不敢出声。于是，孙武报告吴王阖庐说："兵既整齐，王可试下观之。唯王所欲用之，虽赴水火犹可也。"阖庐知道孙武能用兵，任命他为将。

阖庐立三年，兴兵攻楚国舒城取胜。他想继续向楚国郢都进军，却被将军孙武劝阻："民劳，未可，且待之。"于是改用伍子胥的疲楚计策，分兵三路，轮番骚扰楚国六年，使其军兵疲惫，财力耗尽。阖庐九年（公元前506年），吴王阖庐咨询伍子胥、孙武，现在可以进攻郢都了吧？二人献计说："楚国主将令尹囊瓦贪婪，唐、蔡二国君主都怨恨他，伐楚要先得唐、蔡，才有可能。"于是阖庐联合唐、蔡二国，侧面迂回到楚内地，五战，进入楚国郢都。楚昭王逃亡。伍子胥掘楚平王墓，鞭尸三百，为父兄遭冤杀报了仇。而申包胥则到秦国讨救兵。在秦庭哭求七日，秦哀公感动，赋《无衣》："岂曰无衣？与子同袍。王子兴师，修我戈矛，与子同仇！"出兵解救外甥（楚昭王是秦女所生）。于是秦、楚联合，屡败吴军。阖庐久留楚地追寻楚昭王之际，他的弟弟夫概，本是首战进入郢都的将军，却乘机逃回国内夺取王位。阖庐只好撤军，赶回去击败夫概。夫概败逃，降楚，被封为堂溪氏。吴军驻麇（今湖北省十堰市郧阳区西），又遭楚军火攻，于是大败而归。（以上见《左传·昭公三十一年》《左传·定公四年》《左传·定公五年》《史记·伍子胥列传》。）此后吴越争斗，阖庐受伤而死。其子夫差报仇，打败越王勾践，北上与齐、晋争霸，在黄池大会诸侯，却被勾践乘虚而入，吴国被灭。在夫差执政的二十三年中，伍子胥仍很活跃，而孙武的名字却隐没了。只有《越绝书·越绝荆平王内传第二》说："巫门外冢者，阖庐冰室也。"（注：冰室，储存冰块处所。阖庐墓在虎丘。）"巫门外大冢，吴王客齐孙武冢也，去县十里。善为兵法。"孙武在夫差朝中，早被排挤，隐姓埋名，不知所终。司马迁所谓"北威齐晋，显名诸侯，孙子与有力焉"，含糊笼统，没有事实根据，不过是给传记做个空泛的结尾罢了。巫门，今江苏省苏州市平门。近年苏州市相城区元和镇建立"孙武纪念园"。2016 年 5 月 12 日举行公祭。5 月 12 日定为孙武献十三篇纪念日。（以上见东汉袁康、吴平《越绝书》，岳麓书社 1998 年版第 22 页。）

据现有史料判断，阖庐死后孙武名字即不见于史传。若非受迫害，就是主动避世埋名。吴国原是东南部的落后国家，春秋后期却一跃成为与中原争夺霸主的大国。同时内部权力斗争十分激烈。阖庐本是政变上台的，侵楚战争时，他的弟弟夫概就乘机回国夺取王位，被击败后竟叛逃政敌，被楚国封为堂溪氏，以后甘当骚扰祖国的走卒。吴王野心大，无限制地向外扩张，结怨四邻，与越、楚、宋、齐等国多年作战，耗尽民力财力，终至灭亡。对于这种政治态势，孙武可能很不适应，不如退出权力争斗旋涡，潜心著述。这在《孙子》中也可以找到佐证：它从头至尾，贯穿着"研究战争，消除乱局"的主题。这可能就是孙武立志救世的宏愿。当时民谚说："飞鸟尽，良弓藏。狡兔死，走狗烹。"范蠡在协助勾践复国，功成名就之时，竟然弃官泛舟太湖，急流勇退，并且劝告大夫文种避险，就是持这个理由，而孙武实际上是个先行者。

孙武画像

苏州市元和镇孙武纪念园 2016 年公祭

二、自古知兵非好战

　　《孙子十三篇》简称《孙子》，是本来的书名。司马迁《史记》称"子之十三篇"，班固《汉书》称"吴孙子八十二篇"。北宋元丰年间，配合武举考试，朝廷颁定《武经七书》，第一部列《孙子兵法》。自后《孙子兵法》取代了本名。这样一来造成一些误解：不少人以为"兵法"是专门讲打仗的，自己不是军事部门的人就不去关注了。更有甚者，推崇《孙子》却把此书当作传授战争秘诀的宝典，孙武被蒙上"好战"的恶名。国内外的战争贩子们，竟然拿它作为冒险发动侵略战争的教科书。因此就有必要"正名"。我们读《孙子》，首先必须弄清楚"知兵非好战"的问题。

　　《孙子》开篇第一句，"孙子曰：兵者，国之大事，死生之地，存亡之道，不可不察也"，就是警告：不可玩弄战争！它是死生拼搏的战场，走向亡国的悲惨道路，必须深入研究、认真对待。察，考察，不是一般地看，而要深入细致地看清楚。孙子指出，作战的目的为争利，实际上利害并存。"故不尽知用兵之害者，则不能尽知用兵之利也。"（《作战篇第二》）"非利不动，非得不用，非危不战。主不可以怒而兴师，将不可以愠而致战。合于利而动，不合于利而止。怒可以复喜，愠可以复悦，亡国不可以复存，死者不可以复生。故明主慎之，良将警之，此安国全军之道也。"（《火攻篇第十二》）书中列举了许多克敌制胜的"兵法"，你不可以片面地理解它，只视它为取胜的法则，它实际上兼含破解之法。例如速胜法。发动一场战争，需要大量的人力财力，"日费千金，然后十万之师举矣"。"取用于国，因粮于敌，故军食可足也。""夫钝兵挫锐，屈力殚货，则诸侯乘其弊而起，虽有智者，不能善其后矣。故兵闻拙速，未睹巧之久也。"（《作战篇第二》）这里列举了速战速决的许多理由，同时暗示了破解它的办法。速战的好处正是它的要害。你要速战速决，我就设法拖住你。如抗日战争，开始日寇来势汹汹，叫嚣三个月占领全中国。我方则开辟敌后根据地，进行游击战，破坏交通，拖住其侵略的步伐，迫使侵略军龟缩在据点的碉堡里。可见人民战争的持久战正是打破日寇速决战美梦的天敌。你要"因粮于敌"，我就坚壁清野，断你粮道。三国的官渡之战，袁绍一方兵多粮足，以逸待劳，比敌方曹操占很大优势。曹操远来粮草不足，正要撤兵时，许攸到来，向他报告袁绍屯粮乌巢守备不严，曹操便星夜奔袭乌巢，烧尽粮草，令袁绍军心慌乱。曹军趁机攻击，大获全胜，创造了以少胜多的范例。速战者也害怕"诸侯乘其弊而起"，就可运用外交手段来治它。春秋时期诸侯争战，常用结盟一国以牵制另一国的办法制胜。我们读《孙子》，正面看了，还得反过来推求，才能真正读懂它。

战争是人类文明与野蛮冲突的必然现象。害怕战争不能制止战争，而孙武以研究战争的规律来提高人们的理性认识，这样就有办法制止战乱。这是他对人类社会的巨大贡献。孙武在"春秋无义战"的乱局中悟出战争与政治的密切关系，提出"主孰有道"，即将政治是否清明作为预测战争胜败的主要标准。战争是古来解决民族、国家和政治集团之间矛盾的最高的暴力形式，但军事斗争始终离不开政治斗争，而且以政治因素决定其结局，即"得道多助，失道寡助"（《孟子·公孙丑下》）。孙子说："是故百战百胜，非善之善者也；不战而屈人之兵，善之善者也。故上兵伐谋，其次伐交，其次伐兵，其下攻城。攻城之法为不得已。"（《谋攻篇第三》）他把政治战、外交战、军事战分为上、中、下三个层次，突出"不战而屈人之兵，善之善者也"。"善战者"的理想是争取作战"全胜"，即运用政治、外交、武力威慑，"不战而屈人之兵"，最大限度地减少战火破坏和人员伤亡，所以说"自古知兵非好战"。

1935 年河南汲县（今新乡市卫辉市）山彪镇出土战国铜鉴，上面刻有水陆攻战纹饰图 40 组，292 人及兵器

三、决策预测立于不败之地

　　《孙子》研究战争着眼于"法"，就是寻求其规律性。讨论战略战术问题，都提到对抗哲理的高度，因而不仅可以应用于军事对抗的实践中，而且可以广泛指导其他诸多方面，如市场竞争、企业经营、体育比赛、疾病管控、密码破解、气象预报、生物实验、考古研究等，目前已出现不少拓展的专著。在当前国际外交纷争中，也到处可见《孙子》的影子。因为《孙子》阐发的对抗哲理，具有普遍意义。

　　《孙子》最早提出预测的命题。它强调指出："故善战者，立于不败之地，而不失敌之败也。是故胜兵先胜而后求战，败兵先战而后求胜。"（《形篇第四》）"先胜"不是指行动，而是预测我胜敌败的条件。预测是制订计划的基础，预测准确才有正确的战略决策。任何一个大的行动，都有"形势与任务"的问题。"任务"是根据"形势"提出来的，而"形势"的把握就取决于预测的科学性。一旦形势估计错误，执行任务，南辕北辙，大奋进反而招致大挫折。大至国家战略，小至个人创业，都离不开正确把握形势，也就是必须学会预测。

　　"五事七计"是孙子创立的预测法。孙子说："故经之以五，校之以计，而索其情。一曰道，二曰天，三曰地，四曰将，五曰法。"（《计篇第一》）"经之以五"，就是把五事作为纲领。如同纺织，经线立定，然后加纬线才能织成布。也就是说，预测要从这五个方面把握要领：

"道者，令民与上同意也。故可与之死，可与之生，民弗诡也。"（《计篇第一》）道，道义，治国有道，政治清明，能使民众认同上级的意愿，服从指挥，所以叫他求生、拼死，他不会违抗。下文又说："故令之以文，齐之以武，是谓必取。令素行以教其民，则民服。令不素行以教其民，则民不服。令素信著者，与众相得也。"（《行军篇第九》）这里的道，就是指政治环境，政令合于民心，思想教育有效，上下同心，可以动员民众的力量。

"天者，阴阳、寒暑、时制也。"（《计篇第一》）天，就是天时的客观条件，不是天帝鬼神之类迷信。

"地者，高下、远近、险易、广狭、死生也。"（《计篇第一》）地，就是地理的各种自然条件。

"将者，智、信、仁、勇、严也。"（《计篇第一》）将，将领，也就是人才。通常说人才要德才兼备，而孙子把它具体化，而且把"智"列为首位。智，就是会动脑子，会分析比较，会随机应变，会因利制权。据《宋史》所载，抗金名将宗泽把战阵图教给岳飞。岳飞说："阵而后战，兵法之常。运用之妙，存乎一心。"这一心运用就是"智"。孙子说："此兵家之胜，不可先传也。"（《计篇第一》）"是故智者之虑，必杂于利害。杂于利，而务可信也。杂于害，而患可解也。"(《九变篇第八》)信，诚信，说到做到，取信于人。仁，有爱心。爱国家，爱部下。"视卒如婴儿，故可与之赴深溪。视卒如爱子，故可与之俱死。"(《地形篇第十》)勇，勇敢，很可贵，但如果缺少"智"，有勇无谋，就要吃败仗。忠诚是高尚的，但如果缺少"智"，就很容易充当极权者听话的工具，一旦情况有变，很可能叛变投敌。严，严明。军令如山，执法公正，律己严格。

孙子的人才观，要求选人要"智、信、仁、勇、严"五者俱全，而以"智"为第一。缺少"智"，其他就不堪重用。这是从战争的血的教训中总结出来的经验，相比之下就看出历来流行的"用人唯亲"大错特错，也使得"用人唯贤"的提法，更加明确具体，便于各行各业应用操作。诸葛亮据此总结出识别人才的七条标准。"然知人之道有七焉：一曰，间之以是非而观其志；二曰，穷之以辞辩而观其变；三曰，咨之以计谋而观其识；四曰，告之以祸难而观其勇；五曰，醉之以酒而观其性；六曰，临之以利而观其廉；七曰，期之以事而观其信。"(《诸葛亮兵法·将苑·知人性》)

"法者，曲制、官道、主用也。"(《计篇第一》)法，法制，指部队编制、官吏职责、兵员训练、旗鼓号令、赏罚、军需财务等制度。

"校之以计，而索其情"，就是从"道、天、地、将、法"五个方面进行调查研究，统计、比较双方的优劣，最后得出"多算胜，少算不胜"的评估结论。

"主孰有道？将孰有能？天地孰得？法令孰行？兵众孰强？士卒孰练？赏罚孰明？吾以此知胜负矣。"（《计篇第一》）

以上"七计"，揭示了双方的虚实，然后以实击虚，攻其不备，战而胜之，这就是"知彼知己者，百战不殆"（《谋攻篇第三》）。但是对双方的统计、比较，关键在于获得事实的真相。这需要长期深入的调查研究，需要科学有效的方法，还要运用间谍，破解敌方的机密。当然更要依靠聪明的头脑，鉴别、选择可靠的数据。例如：

东汉建安十三年（208年），据《三国志·周瑜传》所载，曹操大军南下，兼并了刘表的荆州和水陆部队，陈兵长江，号称八十万大军，威逼东吴投降。孙权召群臣商议，大家都被吓破胆子，说只有投降。理由是："曹公豺虎也，然托名汉相，挟天子以征四方，动以朝廷为辞，今日拒之，事更不顺。且将军大势可以拒操者，长江也。今操得荆州，奄有其地，刘表治水军，蒙冲斗舰，乃以千数，操悉浮以沿江，兼有步兵，水陆俱下，此为长江之险，已与我共矣。而势力众寡，又不可论。愚谓大计不如迎之。"孙权被弄得没有了主意。这时，还是太后提醒，何不召回周瑜商议？周瑜从江夏前线归来，对形势的估计，对敌人实力的监测，结论与投降派完全不同。周瑜说："不然。操虽托名汉相，其实汉贼也。将军以神武雄才，兼仗父兄之烈，割据江东，地方数千里，兵精足用，英雄乐业，尚当横行天下，为汉家除残去秽。况操自送死，而可迎之邪？"这是关于"主孰有道"的比较。

周瑜又说："舍鞍马，仗舟楫，与吴越争衡，本非中国所长；又今盛寒，马无藁草，驱中国士众远涉江湖之间，不习水土，必生疾病。此数四者，用兵之患也，而操皆冒行之。将军擒操，宜在今日。"这是关于"将孰有能""天地孰得"的比较。

周瑜接着揭露曹操"水步八十万"的谎言。"今以实校之，彼所将中国人，不过十五六万人，且军已久疲；所得表众，亦极七八万耳，尚怀狐疑。夫以疲惫之卒御狐疑之众，众数虽多，甚未足畏。得精兵五万，自足制之，愿将军勿虑。"这是关于"兵众孰强""士卒孰练"的比较。

孙权听了周瑜的"五事七计"预测，方才明白，当即决定任命周瑜为帅，联合刘备抗击曹操。周瑜到前线视察，看到曹军正在联结船舰，料定北来的敌兵害怕波浪晃动而生病，正好实施火攻。他利用蒋干盗书，设计除掉投降曹操的刘表水军统领蔡瑁、张允，使曹军失去水战的耳目；又以苦肉计派黄盖假投降，领数十艘大船，装载干柴浇油，树立降旗。曹军延颈观望黄盖来降，不意火船直冲曹寨，一时风势猛烈，延烧岸上营垒，人马死伤无数，曹操狼狈逃回。曹操是最早注解《孙子》的知兵行家，深知火攻的利害，只因军中疾病不得已联结船舰。当时有人提醒，只怕火攻，不利疏散，他却嘲笑对方说："当今隆冬腊月，刮西北风。东南来敌放火，岂不自己烧自己？"但他只知其一，不知其二。长江气候多变，冬天有时也刮东南风。周瑜熟悉当地气候，就等到这个时机，火烧赤壁，以少胜多，建立奇功。所谓诸葛亮"借东风"，也是熟悉江上气象，预测准确而已。周瑜指挥的赤壁大战，奠定了三国鼎立的局面。他之所以立此旷世奇功，关键就是运用"五事七计"，对敌我形势做了准确的预测，后来的种种误敌策略和火攻才得以施展。其中对天时、地利的及时把握起了重大作用。唐人杜牧《赤壁》诗云："折戟沉沙铁未销，自将磨洗认前朝。东风不与周郎便，铜雀春深锁二乔。"［注：赤壁，在今湖北省赤壁市长江南岸，当年火烧曹军之处。铜雀，台名，曹操建在邺城（今河北省临漳县西）的游乐处。桥，铜雀台上两座桥。谐音"乔"，大乔，孙策妻；小乔，周瑜妻。］

现代社会科技大进步，量子计算、大数据等提供更多更快的预测手段，但要获得事实的真相也更不容易了。高科技代替不了人的智慧的综合判断。孙子"五事七计"的预测框架，怎样配以高科技的方法，有待智者的创新。据说中国台湾企业家陈茂榜，成功运用孙子"五事七计"，做到

"生意兴隆通四海"。他参照孙子思想，形成管理五大原则：
道——经营目标；天——机会；地——市场；将——人才；
法——组织与编制。

权

秤锤。引申为衡量、权变、权力等

秦始皇二十六年（公元前 221 年）制定的全国统一铁权

四、先为不可胜方略

孙子说："昔之善战者，先为不可胜，以待敌之可胜。不可胜在己，可胜在敌。"（《形篇第四》）这说明了处于对抗的攻守双方不可违抗的客观规律。攻方必须使自己强大起来，才谈得上战胜敌人。而要真正打败对方，还要等待敌方露出腐败或失误，才有乘机而胜的可能。否则，盲目妄动，只会给自己招来失败。这就揭示了所谓"善战"并非只是对付敌人，同时包含着怎样治军、强军的方略。可以说，谋略与治军是《孙子》兵法的两翼。忽略了其中任何一方面，就是丢失了它的精髓。至于非对抗矛盾的企业竞争，就更需要"先为不可胜"，才有可能达到合作共赢的境界。可见"先为不可胜"的自强方略具有普遍的意义。

如何治军、强军的自强方略，虽然《孙子》没有单列一篇，却是贯穿全书的血脉。读者要融会贯通，取其要领。下面四点，应是"先为不可胜"不可或缺的。

（一）统一号令

孙子说："凡治众如治寡，分数是也。斗众如斗寡，形名是也。"（《势篇第五》）管理好人数众多的大队伍，靠什么？靠"分数"。曹操注："部曲为分，什伍为数。"现代叫组织编制，岗位责任。一个团体，组织严密，责任明确，赏罚严明，就团结有力如同一体。如果私设冗官，贪污吃空饷，派性内斗，推诿责任，那就涣散如沙。一个团体能够密切合作，如同左右手协同作战，靠什么？靠"形名"。曹操注："旌旗曰形，金鼓曰名。"就是靠指挥讯号使众人协同作战，统一行动。"《军政》曰：'言不相闻，故为金鼓。视不相见，故为旌旗。'夫金鼓旌旗者，所以一人之耳目也。人既专一，则勇者不得独进，怯者不得独退。此用众之法也。"（《军争篇第七》）"击鼓进军，鸣金收兵"是历代沿用的指挥讯号。旌旗中的帅旗，上面标明主帅名号，如岳家军的帅旗就大书一个"岳"字。军旗不仅是指挥讯号，而且具有号召群众、威慑敌人的作用。因为军旗凝结着浴血的功绩，象征着部队的战斗力。现代企业也都讲究设计品牌的标志，借此带来巨大财富，称之"无形资产"。但要真正起作用，还得像军旗那样，凝结浓厚的奋战血迹，被广大群众认可了，才可能树立起一个品牌。

统一号令的敌人是瞎指挥，来自权势的干扰。孙子警告说："不知三军之事，而同三军之政者，则军士惑矣。不知三军之权，而同三军之任，则军士疑矣。三军既惑且疑，则诸侯之难至矣，是谓乱军引胜。"（《谋攻篇第三》）瞎指挥导致"乱军引胜"，后果多么惨重！所以孙子最早喊出了

"君命有所不受"(《九变篇第八》)的口号。

(二)构建军中上下级相得的关系

在孙子所处的时代,不可能有上下级平等的问题,但战争的现实使得用兵者不得不重视士兵的积极性。一味地施加粗暴,强迫命令,显然不能驱使士兵们浴血拼命,所以要"令之以文,齐之以武"。刚柔相济,恩威并举,这就传为治军的名言。"令之以文"就是政治思想教育,以温和的、讲道理的方式开导士兵,提高士兵的思想认识。这绝不是空话说教,而是政治道义。"道者,令民与上同意也。故可与之死,可与之生,民弗诡也。"(《计篇第一》)治国清明的道义,可以使民众认同上级的意愿,服从指挥,赴敌奋战。"齐之以武"就是法纪约束,保证行动一致。历代杰出的将帅治军都是刚柔两手,而具体做法则各有千秋。孙子特别强调以下三点:

第一,要爱兵。"视卒如婴儿,故可与之赴深溪。视卒如爱子,故可与之俱死。"(《地形篇第十》)将帅与部下同甘苦,所谓"有福同享,有难同当"。上下级关系融洽,"携手若使一人"(《九地篇第十一》)。团结一心,作战就有了取胜的前提。现代企业管理很重视尊重人,关心员工的福利,如员工的住房、娱乐、旅游、参股等,看作感情投资,可以有力地调动员工热爱企业的感情。荣辱与共，攻克难关，建立"命运共同体"。据说日本不少企业有不定期的"下班讨论会"。主管领导与普通职工，在一起喝喝酒，聊聊天，找找工作得失，不仅拉近了上下级之间的距离，而且不经意间变成头脑风暴，就能产生许多合理化建议。据说，1984 年日本对全国 464 家企业的调查显示，"下班讨论会"提出了 2353 万项建议，参与职工 183 万人。有 30% 的建议被上级采纳，并发给建议人奖金。未被采用的也发 500 元精神奖。有的老板以为他给的工资高，就可以傲视人，平时不尊重职工，惯于训斥人，一旦陷入困局，也就没有人来营救他了。法国的洛丽尔公司，为了体现对员工一视同仁，会议桌特意改为八角形。日本的日立公司发现基层员工列席管理会议，员工都坐到两旁，不敢发言。后来改为圆桌会议，座位没有主次之分，激励企业员工的主人翁情感，开会畅所欲言，令公司的业绩上升。1974 年在 100 家企业排名中从第 46 位上升到第 16 位。

第二，赏罚公正严明。爱兵，不能过头，不可溺爱，也不可乱罚。"卒未亲附而罚之，则不服，不服则难用也。卒已亲附而罚不行，则不可用也。故令之以文，齐之以武，是谓必取。"（《行军篇第九》）"卒未亲附而罚之"，是军阀作风，不讲道理，强迫命令。"卒已亲附而罚不行"，是偏袒，不论是非，助长歪风邪气。解决此类问题关键在领导者怎么做。"令素信著者，与众相得也"（《行军篇第九》），就是说领导者执法公正，以身作则，可以建立领导者与群众上下和谐的关系。因此赏罚严明是建设强大军队不可或缺的方略。"善用兵者，修道而保法，故能为胜败之政。"（《形篇第四》）"善用兵"就善在修明政治，维护法纪，治军就打好了作战取胜的基础。

奖赏或处罚必须适度，才能扬善除恶。如何执行赏与罚，集中反映了一个单位的政治状态，可以看出群众士气、单位风气、领导者能否秉公执法等问题。孙子把它作为观察敌情的一个根据。"数赏者，窘也。数罚者，困也。"（《行军篇第九》）数，屡次。不断地发奖，可见没有办法鼓舞士气。不断地处罚，可见处境十分困难。

第三，变敌为我，胜敌而益强。孙子认为杀敌靠勇气，夺取战利品就必须重奖。"故车战，得车十乘已上，赏其先得者；而更其旌旗，车杂而乘之，卒善而养之，是谓胜敌而益强。"（《作战篇第二》）对得胜立功施行重奖，同时把缴获的战车（那时没有骑兵，战车是主要的武器）换上自己的旗帜，编入队伍作战。不杀俘虏，好好教养他们，使他们反过来为我杀敌。就是说，作战不仅要消灭敌人的有生力量，而且要尽可能夺取敌方的武器、兵员来壮大自己的队伍。古代实行取敌人首级（头颅）或馘（割左耳朵）计算战功，不会使用俘虏，普遍杀俘虏了事。孙子主张把俘虏、武器转化为自己实力的思想，确是转变胜败局面的真理。当年武王伐纣，就因争取到纣王军队大举反戈一击而得胜。可是战国以后还是杀俘虏。例如，长平之役，秦军坑杀赵国降卒四十万。秦末项羽坑杀秦降军二十万。西汉名将李广也杀俘虏。不过他到晚年追悔不已，"祸莫大于杀已降"。他曾诱降八百羌人，"吾诈而同日杀之。至今大恨独此耳！"

（三）保密

保守机密是对敌斗争的需要，是"善战者，致人而不致于人"（《虚实篇第六》），即掌握作战主动权的保证。孙子说："故形人而我无形，则我专而敌分。我专为一，敌分为十，是以十共其一也，则我众而敌寡。能以众击寡者，则我之所与战者，约矣。"（《虚实篇第六》）"形人"是使敌人显形，揭露他的虚实。"无形"是我隐藏秘密，敌方摸不准我怎样进攻，就要分兵防守。本来一对一，力量差不多，现在变成"我专为一，敌分为十，是以十共其一也，则我众而敌寡。能以众击寡者，则我之所与战者，约矣"。可见保密在实战时具有调动敌人分兵、形成优势兵力、保证以众击寡而取胜的作用。所以孙子强调"将军之事，静以幽，正以治。能愚士卒之耳目，使之无知。易其事，革其谋，使人无识。易其居，迂其途，使人不得虑"（《九地篇第十一》）。这里

"将军"不作名词,而是指挥作战。"静以幽,正以治",这一对句是要求领导者头脑镇静深思、办事严正有力。下面三句排比,分别从遮蔽众人耳目、改变工作方式、变换驻地路线方面提出保密的具体要求。

孙子认为保密工作一定要做好,达到"无形"。保密措施严密易行,成为习惯,检查督促,万无一失。"无形,则深间不能窥,智者不能谋。"(《虚实篇第六》)"善守者,藏于九地之下;善攻者,动于九天之上。故能自保而全胜也。"(《形篇第四》)九,数目的最高位。"九地""九天"形容保密工作做到最佳程度。只有这样才能"自保而全胜"。

(四)注意主将素质隐患

孙子认为,将帅性格上的弱点是招致败局的隐患,必须警惕避免。"故将有五危:必死,可杀也。必生,可虏也。忿速,可侮也。廉洁,可辱也。爱民,可烦也。凡此五者,将之过也,用兵之灾也。覆军杀将,必以五危,不可不察也。"(《九变篇第八》)所举"五危",就是心理偏执,思想极端,丧失理智。在不同时期可能表现不一样,但到关键时刻"覆军杀将"的危害是一样的。他领导的事业必遭受巨大损失,所以对领导干部心理素质的考察绝不可忽略。例如,三国时期的刘备,以知人善任而著称。他戎马生涯几十年,锻炼得"喜怒无形于色"。他崇拜诸葛亮，对其设计的"联吴抗曹"总路线，一直奉行不渝。诸葛亮的话，他可谓言听计从。其他人如有疑义，他必定出来说服之。可是当他得知关羽被害死时，就只想到为桃园结义兄弟报仇，忘掉军国大计，也不知道形势预测了。当时曹操已死，曹丕就篡汉称帝，刘备也被众人拥戴，当上蜀汉皇帝，正可举起讨逆的旗帜，"联吴抗曹"，大显身手，而他却反过来，发动大军征伐东吴，为关羽报仇而不顾大局。可怕的是，他一下子变得十分自负和固执，听不进赵云、诸葛亮等重臣的合理劝谏，还发威要杀敢于直言批评的学士秦密。刘备一意孤行，召集几十万大军贸然发动夷陵（今湖北省宜昌市）大战。开始倒也节节胜利，而到了猇亭（今湖北省宜都市江北）就被打住了。孙权曾派使者前来求和，答应"愿送归夫人、缚还降将，并将荆州仍旧交还，永结盟好，共灭曹丕，以正篡逆之罪"。刘备就是不肯，一定要扫荡东吴报仇。东吴主将陆逊坚守不战，以逸待劳。他将战事从春拖延到盛夏，迫使刘备大军熬不住炎热，军营迁到树荫避暑。前后疏散几十里，首尾不相及。马良画图报告军师，诸葛亮一看大惊失色，"包原隰险阻结营，兵家大忌。彼用火攻，何以解救？""夫地形者，兵之助也。料敌制胜，计险阨远近，上将之道也。知此而用战者，必胜。不知此而用战者，必败。"（《地形篇第十》）纠正已经来不及了。陆逊看准机会，一举放火，烧他连营七百里。刘备只得百来人保护，逃回白帝城（今重庆市奉节县）病死。而陆逊追击到白帝城前鱼腹浦，看到孔明八阵图，就停止不前了。部下不解，何不乘胜进军，灭掉蜀国？陆逊说："不可。曹魏亡我之心不死，只怕乘虚来袭，我若深入西川，急难退矣。"大军返回，不及二日，警报："魏兵曹仁出濡须，曹休出洞口，曹真出南郡。"陆逊笑道："果然不出所料。吾已令兵拒之矣。"陆逊冷静理智，适可而止，见好就收；刘备却头脑发热，一意孤行。他违背孙子关于战争"非利不动，非得不用，非危不战"（《火攻篇第十二》）的教导，怒而兴师，结果大败，伤了蜀国元气。可见领导人素质的缺陷，危害不是局部，而是致命的。

1995 年发行孙武纪念特种邮票

五、诡道与任势的对抗思维

　　孙子继承了我国古代先贤的唯物辩证思想，并在军事斗争的实践中有所发展，创立了独特的对抗哲学。在春秋时期，它与孔子的仁学、老子的道学相媲美，造就了我国思想史的一座高峰。

　　首先，孙子考察战争，一切从实际出发，而非从概念出发。战争是"死生之地，存亡之道"，来不得含糊和想象。孙子认为一场战争耗费大量人力物力，是可以预测和计划的。战争并非偶然凑合，而有其客观基础，因而可以掌控。"多算胜，少算不胜，而况于无算乎！"（《计篇第一》）这在战争史上是空前的理论建树。他警告当政者不要盲目玩弄战争。"非利不动，非得不用，非危不战。主不可以怒而兴师，将不可以愠而致战。合于利而动，不合于利而止。"（《火攻篇第十二》）这就鲜明地表现了孙子唯物的战争观，反对好战之流的主观主义。他认为，影响战争的"天""地"条件，就是天时、地理等自然环境，摒弃古代盛行的天命论。战争的情报，"不可取于鬼神，不可象于事，不可验于度，必取于人，知敌之情者也"（《用间篇第十三》），就是反对迷信鬼神，反对以占卜类比推测或星辰运行比附人间祸福的先验论。从知道敌情的人那里得到真实的情报，"必成大功。此兵之要，三军之所恃而动也"（《用间篇第十三》）。

其次，孙子观察军事活动，运用一系列对立统一的矛盾范畴，如敌我、攻守、利害、胜败、众寡、强弱、勇怯、虚实、治乱、生死、奇正、迂直、劳逸等。矛盾对立面相反相成，既有斗争性又有同一性，既相互排斥又相互依存，统一在一个整体中。孙子告诫"智者之虑，必杂于利害。杂于利，而务可信也。杂于害，而患可解也"（《九变篇第八》）。事实上战争利害并存。困难时看到有利的因素，就不会失去信心；顺利时想到危险因素，才会防患未然。这叫作认识全面，避免片面性。

更可贵的是，孙子已认识到矛盾无不在一定条件下向对立面转化。人们可以创造适当的条件，促使矛盾的转化。这就使客观规律性与主观能动性统一起来。我方兵力处于劣势时，指挥员如能运用智谋调动敌人，在运动中乘虚伏击，那么敌方就由实变虚，我方以实击虚，就反败为胜了。"故形人而我无形，则我专而敌分。我专为一，敌分为十，是以十共其一也，则我众而敌寡。能以众击寡者，则我之所与战者，约矣。"（《虚实篇第六》）"形人"，使人显形，就是通过侦察暴露敌方的兵力部署等实情。"我无形"，我方隐蔽行动意图，使敌方摸不到实情。如能做到这一点，就可以促使"众寡"矛盾向对立面转化。敌不知情，必定分兵把守。"我专为一，敌分为十，是以十共其一也。"这就造成以众击寡的态势，那么相对抗的敌人力量就很有限了。

孙子把这种促使矛盾向对立面转化的人为条件，称为"兵者，诡道也。故能而示之不能，用而示之不用，近而示之远，远而示之近"（《计篇第一》）。诡（guǐ），诡谲，怪异，出乎寻常。道，法术。诡道，不是一般的欺骗，不是无良心者蒙骗老实人或无知弱者的诈骗行为，是针对狡猾阴险的敌人展开你死我活的斗智。你不变化误敌就要上当吃亏。实施诡道，因敌情变化而采取对策，没有一定的套路。按照伍子胥的话，就是"亟肆以罢（疲）之，多方以误之。既罢而后以三军继之，必大克之"（《左传·昭公三十年》）。唐太宗李世民与李靖论兵法，说："朕观千章万句，不出乎'多方以误之'一句而已。"李靖良久回答说："诚如圣语。大凡用兵，若敌人不误，则我安能克哉？譬如弈棋，两敌均焉，一着或失，竟莫能救。是古今胜败，率由一误而已，况多失者乎？"（《武经·李卫公问对》卷下）德国军事家克劳塞维茨认为"诡道"就是"两军主将钩心斗角之技能"（《大战学理·战略篇》）。

孙子提出"择人而任势"的重大命题。"择人"，选好人才。"任势"，用势，就是乘势。势，力运动表现出来的能量，如趋势、来势、气势、形势、态势、权势、战势、声势、火势等。齐国有谚语说："虽有智慧，不如乘势。"（《孟子·公孙丑上》）"乘势"就是善于凭借客观物质运动力的势头、趋向，而发挥自己最大的威力。"故善战者，求之以势，不责于人，故能择人而任势。任势者，其战人也，如转木石。木石之性，安则静，危则动；方则止，圆则行。故善战人之势，如转圆石于千仞之山者，势也。"（《势篇第五》）以转动木石为例，木石的本性"安则静，危则动；方则止，圆则行"，人们转动它就以此为客观依据。把它置于"千仞之山"，就可借助居高而下的加速度，猛增它滚动的威力。荀子把任势叫作"善假于物"。他说："吾尝跂而望矣，不如登高之博见也。登高而招，臂非加长也，而见者远；顺风而呼，声非加疾也，而闻者彰。假舆马者，非利足也，而致千里；假舟楫者，非能水也，而绝江河。君子生非异也，善假于物也。"（《荀子·劝学》）高明的战争指挥员，多谋善断，因势利导，巧用兵力，探明敌情，出其不意，以实击虚，激发士气，也是"善假于物"，凭借战势打败敌人。孙子说："勇怯，势也。"（《势篇第五》）战势可以充分发挥我军的长处，激发官兵敢战敢胜的勇气。因此必须完善内部管理，恩威并举，使上下同心，战士乐于效命。不得已时"置之死地而后生"，激励大家殊死苦战以求胜。

孙子说："战势不过奇正，奇正之变，不可胜穷也。奇正相生，如环之无端，孰能穷之？"奇正相生，就是运用诡道营造相应的战势。譬如"声不过五，五声之变，不可胜听也。色不过五，五色之变，不可胜观也。味不过五，五味之变，不可胜尝也"。"是故善战者，其势险，其节短。势如彍（guō）弩，节如发机。"（《势篇第五》）战势要险峻，如拉满待发的强劲弩机。弩有一般弓箭几倍的射程，节奏短促，就如扣发扳机，一触即发。孙子强调"善战者，求之以势，不责于人"，就是要求领导者尽责，多谋善断，"因利而制权"，敏锐捕捉战机，出奇应变，乘势而动，不要只是责备别人，否则如逆势而动，即使逼迫部属拼死，也难脱失败的命运。

1980 年陕西临潼出土秦皇兵马俑的铜马车。上图为一号俑坑出土，下图为二号俑坑出土

六、《孙子》与"春秋无义战"

　　《孙子》出现于我国春秋后期。《春秋》是孔子为鲁国编订的列国编年史。从公元前 722 年至前 481 年，共 242 年。有过 140 多国，发生战争 483 次，相关的谈判、会盟等政治事件 450 次。（转引自《孙子兵法十日谈》第 70 页）史家把周平王东迁以后这段历史称作"春秋"时代。春秋是我国封建制度从全盛到崩溃，大动荡、大改组、大战乱的年代。《孙子》一书聚焦于这个时代的乱局，反映了人民反对战乱的要求和治乱的经验教训。

　　周武王灭商后，建国就是建立封建制度。周王把大片土地分封给亲属重臣们，让他们做诸侯来护卫王室。原来的小国归附，也视同诸侯。诸侯再把土地分给世家做大夫，让他们执政。大夫再分权给家臣，让这些士担任治理国家的官员。这样就构成"周王——诸侯——大夫——士"多重宝塔式的贵族集团，所以说："普天之下，莫非王土；率土之滨，莫非王臣。"（《诗经·小雅·北山》）贵族之下是庶民，包括附属于官府的工、商以及自由农。最底层是奴隶。奴隶没有人身自由，世代替贵族种地、服劳役、当兵打仗。这个支撑着王朝的等级制度，随着西周灭亡，趋于崩溃。王纲废弛，诸侯独立，争夺兼并，战火连绵。孟子称"春秋无义战。彼善于此，则有之矣。征者，上伐下也，敌国不相征也"（《孟子·尽心下》）。究其原因主要有以下两点：

一是生产力发展，私有制兴起。经济基础冲击上层建筑，使上层建筑起变化。春秋时代已是成熟的农耕生产，工具不再只是木、石工具，而是大量使用青铜、铁器。铜铁工具耕种比古代的耦耕先进，生产有了飞速发展。耦耕，指两人合力踩踏木或石器农具翻土，不能深入土层，只能广种而薄收。与后来的铁器锄头或牛耕相比，生产效率相差百倍以上。据《论语》，孔子在汉北迷路时，叫子路去"问津"，就看见"长沮、桀溺耦而耕"。子路掉队时遇见"荷蓧丈人"，他就是"植其杖而芸"。这是春秋晚期偏远地区还留存木器农具和耦耕的明证。而在中原地区，铜铁工具普及，农业和手工业生产发展，推动商业流通繁荣，都市出现"金玉其车，文错其服，能行诸侯之贿"的富商大贾。如孔子的学生子贡，就是经营珠宝发财的商人。后来范蠡弃官转到定陶经商，改名"陶朱公"，不久就能"三致千金"。财富聚敛，冲击贵族分化，动摇农奴制，土地私有制勃兴。下层农民也起来占有土地，贵族更是乘机动武兼并土地。鲁宣公十五年（公元前594年）发布"初税亩"，就是按田亩面积来征税的。这证明官府不得不正式承认土地私有制。

二是贵族内部矛盾。宝塔式的等级结构包含着重重矛盾，一旦顶层控制削弱，所谓"礼崩乐坏"，诸侯闹独立，矛盾激化对抗，就天下大乱。司马迁评说："《春秋》之中，弑君三十六，亡国五十二，诸侯奔走不得保其社稷者不可胜数。察其所以，皆失其本已。"（《史记·太史公自序》）早在春秋初期，诸侯就开始争夺王室的权力。郑是小国，郑庄公执政四十四年（公元前 744—前 701 年）。他在平定弟弟共叔段的内乱后，常借王朝卿大夫的身份，"挟天子以令诸侯"，讨伐邻国卫等诸侯。周桓王想限制他，削夺他的领地，他就对抗，不上朝了。周王纠集虢、蔡、卫、陈等国兵力讨伐郑（公元前 707 年），结果王师大败，周王被射伤肩。王室威风扫地，沦为一般诸侯。在诸侯国内，也多是大夫当政，任意驱赶国君，以致家臣越权把持国政。如鲁国就是大夫季氏专政。鲁昭公想夺回权力，结果反被驱赶出国（公元前 517 年）。后来家臣阳虎专权，囚禁执政的季桓子。季氏三家联合，才把他打败出逃。家臣公山不狃又据费城造反。孔子感叹："禄之去公室，五世矣。政逮于大夫，四世矣。""天下有道，则礼乐征伐自天子出。天下无道，则礼乐征伐自诸侯出。自诸侯出，盖十世希不失矣。自大夫出，五世希不失矣。陪臣执国命，三世希不失矣。天下有道则政不在大夫。"（《论语·季氏》）贵族分化，有的没落为庶民，有的穷奢极欲，扩大野心，于是经常爆发兼并战争。例如宋殇公在位十年（公元前 719—前 710 年）就打了十一次仗，最后自己送了命。直到齐桓公出来维持秩序，情况才有所好转。

齐桓公执政四十三年（公元前 685—前 643 年），依靠管仲内政、外交一系列有力措施，齐国迅速强大起来，能够号令诸侯，史称"春秋五霸"之首。他打出"尊王攘夷"的旗号，召集诸侯结盟，不用兵车解决相互的利益纠纷；联合诸侯一起抵御戎狄异族侵扰，保卫了华夏的疆土和文化。对此，孔子评价很高，说："桓公九合诸侯，不以兵车，管仲之力也。如其仁，如其仁。""管仲相桓公，霸诸侯，一匡天下，民到于今受其赐。微管仲，吾其被发左衽矣。"（《论语·宪问》）管仲，姓管，名夷吾，春秋一代名相。他曾辅佐公子纠争夺君位，开战时射中公子小白（即齐桓公）袍带钩，因鲍叔牙力荐，齐桓公不计前嫌，予以重用。管仲早年经商，深知物资流通的重大作用，利用齐国滨海富有鱼盐之利，大力通商积财；又按地差征税，制定"轻重九府"的钱币政策，稳定物价；设三官制，划分都鄙，集权中央；寓兵于民，编为队伍，农闲操练，规定献兵器可以赎罪，一束箭可代替诉讼费；等等。管仲主张从实际出发，卑之，无甚高论，"仓廪实则知礼节，衣食足则知荣辱"（《管子·牧民篇》）。行之数年，齐则国富兵强，不动兵车，用结盟的政治外交手段就可调解纷争。避免战争的破坏和杀戮，是久经战乱的民众的愿望，是造福民众的仁德。这种实践经验，被孙子总结为"故上兵伐谋，其次伐交，其次伐兵，其下攻城……故善用兵者，屈人之兵而非战也，拔人之城而非攻也，毁人之国而非久也。必以全争于天下，故兵不顿而利可全，此谋攻之法也"（《谋攻篇第三》）。

齐桓公死后，晋文公继为霸主（公元前636—前628年）。南方的楚国崛起。楚虽为蛮族，但文化水平不低，早就称王，向中原地区争霸。晋文公联合晋、宋、齐、秦四国兵力，与楚成王在城濮（今山东省菏泽市鄄城县西南）打了一大仗（公元前632年），大败楚军。抑制南夷、北狄，退出中原，保卫华夏文化延续。这是晋文公"攘夷"的大功绩。此后，晋、楚争霸，形成两大阵营。中小诸侯夹在中间就得站队，而归附一方，必遭另一方的讨伐。如公元前630年，晋文公联合秦穆公围攻郑国，理由就是郑国"无礼于晋，且贰于楚"（《左传·僖公三十年》）。说郑文公当年对逃难路过郑国的公子重耳接待礼节不够，又一度投靠楚国，所以惩罚他。郑文公危难之际，恳求被冷落的老臣烛之武出来退敌。烛之武连夜缒城来到秦营求见秦穆公，对他剖析利害说："秦晋围郑，郑知道快亡国了。但郑亡只是肥了邻国晋。邻国厚，就是您的薄啊！如果留下郑作为东道主，接待你们过来的客人，对您没有害处吧？再说秦给过晋许多恩赐，晋答应割地报答，但过了河就不认账了，这您是知道的。晋哪有满足的时候？现在灭郑扩大它东边的疆域，接着就是扩大西边的疆域了。不损害秦国，还到哪里去取？损秦而利晋，您要好好考虑呀。"秦穆公一听，对呀！立即与郑结盟，留下三名将领，帮助郑国守城，自己撤兵回去了。晋国当然很生气，有的主张狙击，晋文公想想还是算了。的确是秦国派兵送自己回国的，失掉同盟国也不够理智，于是也撤兵回去。郑国这次解围，是靠烛之武的勇敢和机智。他的策略就是分化瓦解敌人。秦晋世代联姻，但要争霸，就有利益矛盾。烛之武妙在不谈郑，而专谈秦晋的利害。从战争的两面性，剖析秦国的得失，十分透彻，不由得秦穆公不接受。这就是利用矛盾，揭露利害，分化敌方同盟的范例。《孙子》论述敌则能分之，"智者之虑，必杂于利害""屈诸侯者以害，役诸侯者以业，趋诸侯者以利"（《九变篇第八》）等，可以相互印证。

　　秦穆公称霸西方，又急于向东发展。他趁晋文公、郑文公去世，利用当年留在郑国的三将领做内应，冒险远征偷袭郑国。老臣蹇叔劝告不听，甚至送行哭师，都阻止不了。公元前 627 年，孟明率兵三百多乘，秘密来到滑国（今河南省偃师市西南），郑国商人弦高正运货到东周洛阳做买卖。弦高察觉这支军队的动向，一面急忙报告祖国，一面自己冒充郑国使者，到秦营劳军。郑穆公得信，立即查看原来帮助守城的秦国将领，果然磨刀喂马，准备接应攻城了。郑国人气极就把他们赶走了。这边，弦高设法拖住秦军，使祖国赢得备战时间。按当时先轻后重的外交礼节，弦高先送上四张熟牛皮作为先礼，随后把全部货物十二头活牛，拿去犒劳秦军。他学着外交辞令，暗示秦军统帅孟明说："寡君知道诸位将士远道而来，十分辛苦，特派我前来慰劳。我国虽不富裕，但你们住一天，就供应一天饮食，负责提供一夜的保卫工作。"孟明一听，果然不出蹇叔所料："劳师袭远，郑必知之。"只好感叹一声："郑有备矣，不可冀也。攻之不克，围之不继，吾其还也。"可是贼偷不成，没有空手回去的，他就顺便灭了虢国才撤兵。弦高犒师救国的故事，传为千古佳话。弦高不仅爱国、机智、勇敢，还会运用诡道以误敌，挽救了祖国。秦背信弃义，玩偷袭诈术，只有"以其人之道，还治其人之身"。秦军回去，经过崤山（今河南省洛宁县北秦岭东支脉。此指东崤山的南北二陵间）遭晋军伏击，全军覆没。孟明等三个将领做了俘虏。秦军本想利用晋国国丧忌讳用兵的机会，敢闯崤山险道，不料晋国人不信这个邪。晋主帅原轸说："秦以贪勤民，天奉我也。""秦不哀吾丧，而伐吾同姓，秦则无礼……一日纵敌，数世之患也。"他们把白孝服染成黑色，上阵作战。后来也穿黑服为晋文公下葬，晋国就实行黑色丧服。秦军失败的原因，一是"以贪勤民"，趁人国丧，失道寡助，二是骄兵无谋，三是运用诡道失误。老臣蹇叔料定："劳师以袭远，非所闻也……且行千里，其谁不知？"明知崤山南北二陵，山高路窄，下临深涧，是伏击的险地，他们却错误估计晋人会因国丧忌讳出兵，因而自找死路。真是聪明反被聪明误。《孙子》论述："故军争为利，军争为危……卷甲而趋，日夜不处，倍道兼行，百里而争利，则擒三将军。"（《军争篇第七》）"夫地形者，兵之助也。料敌制胜，计险阨远近，上将之道也。知此而用战者，必胜。不知此而用战者，必败。"（《地形篇第十》）

晋与楚两强争霸，其他中小诸侯就如郑国那样，常被指责"二心"而遭受打击，长达七十年，不仅民众不堪忍受战乱之苦，就是霸主也因内忧外患而筋疲力尽。晋国世族内斗不息，郤氏、栾氏先被灭，范、智、中行、韩、赵、魏，即六卿相互倾轧，最后韩、赵、魏胜出，三家分晋，进入战国七雄。楚国因对付东方崛起的吴国，也无力向北扩张。但晋楚和解艰难。第一次和约，只维持了三年。隔了三十三年，第二次"诸侯弭兵"成功。十几国订立停战协议，由晋国执政赵武（戏剧里的赵氏孤儿）提议，宋国执政向戌操办，于鲁襄公二十七年（公元前546年）七月辛巳，晋、楚、齐、秦及其从国代表，聚集宋国蒙门歃血结盟，宣告各国停战。规定晋楚原来的盟国，如从楚的陈、蔡、许，从晋的鲁、宋、卫、郑、曹、邾、莒、滕、薛等，必须同时向对方霸主朝贡。这样虽然休战，但中小国要向两个霸主纳贡，负担比以前是加倍了。春秋后期战火延烧到东南，吴楚争霸，吴越互灭，连续上演着"楚狂浩歌已而"、孔子师生"在陈绝粮"一类悲剧。

纵观春秋历史，战火连绵是它的特色。战争给社会造成巨大破坏，生灵涂炭，人口锐减，文物被毁灭，但战争也给前进扫清障碍，激发许多创新。例如封建制的崩溃，小国兼并成大国，楚、晋、秦、齐、吴等国开始创立郡县制，一百多个诸侯割据，终于走向多民族统一的大帝国。战争摧毁旧的农奴制度，发展土地私有制，促进铁器生产和通商积财的经济繁荣。战争使文化下移，催发人才竞争，学士、武士、策士大批登上政治舞台。救治乱局的主张，百家争鸣；左右国政的能人策士，翻云覆雨。思想解放，言论自由。孔子则集其大成，建立哲学系统，办学收徒，造就士大夫阶层。战争在春秋时代，因时间长，范围广，彻底暴露其本质规律和复杂面貌，为《孙子》的总结提炼，提供了丰富的事实依据。可以说"春秋无义战"造就了《孙子》。

孙子与孔子是同时代人。据《新唐书·宰相世系表》所载，孙子先祖是陈国贵族，因政变逃亡齐国，以国为姓，称陈完。齐桓公任陈完为工正，食采邑于田，所以又称田氏。田完五世孙田书，齐景公时为大夫，伐莒有功，赐姓孙，食采邑于乐安（今山东省惠民县）。田书生子凭，凭子即孙武。据《史记·司马穰苴列传》所载，齐景公时，晋、燕侵夺齐国的阿、甄、河上。齐师败绩，景公患之。晏婴乃荐田穰苴曰："穰苴虽田氏庶孽，然其人文能附众，武能威敌，愿君试之。"景公召穰苴，与语兵事，大悦之，任他为将，领兵抵御燕晋之师。穰苴说，自己出身卑贱，人微权轻，不足威众，要求派宠臣监军才可。景公就命庄贾为监军。穰苴与庄贾约定第二日中午到军门会合。到期穰苴已先至约束部队，而庄贾骄贵，亲戚留饮，直到傍晚才来。穰苴责问他，为何误期？将受命之日即忘其家，今敌人内侵，百姓命危，你还有心思留饮？按律当斩。庄贾急向景公求救。穰苴不等回信，就斩了庄贾，三军将士大受震惊。随后景公使者拿着赦免令，直冲军营。穰苴说："将在军，君命有所不受。"问执法官："驰三军该当何罪？""当斩！"穰苴说："君之使不可杀之。"改斩其仆、车之左驸、马之左骖示众。于是乘胜进兵，军威大振。晋师闻之，为罢去。燕军闻之，渡水而解。齐军全线追击，失地全部收复。这个情节与孙武吴宫演练，执法斩吴王爱姬何其相似！穰苴回国，被尊为大司马。后因大夫鲍氏、高氏、国氏进谗，齐景公退穰苴，穰苴发疾而死。齐景公十六年（公元前532年），齐国爆发四姓之乱。田氏联合鲍氏打败执政的栾氏、高昭子。孙武可能为了避祸，就来到吴国。后来田氏族执政，田常（谥号成子）竟然杀了齐简公，另立齐平公（公元前481年）。孔子要求鲁国出兵讨伐，却被季氏压下。田氏以大斗出贷，小斗收租，笼络人心，终于取代初封的姜姓，成为齐国诸侯，进入战国七雄。据上述材料来看，孙子家族世代经历兼并战争，有丰富的兵学感受。加上自己在吴王阖庐朝二十年对楚、越的实战经历，所以得以从哲学高度来认识战争，寻求破除无序战争的出路，引导战争促进社会进步。战争乱局产生了《孙子》，而《孙子》的总结提炼，开创了兵学研究。之后出现《吴子》《六韬》《三略》《司马法》《尉缭子》《李卫公问对》《孙膑兵法》《三十六计》等一系列兵法专著。《孙子》对形成战争理性认识的社会舆论，破解战争乱局，促进社会进步，功莫大焉。

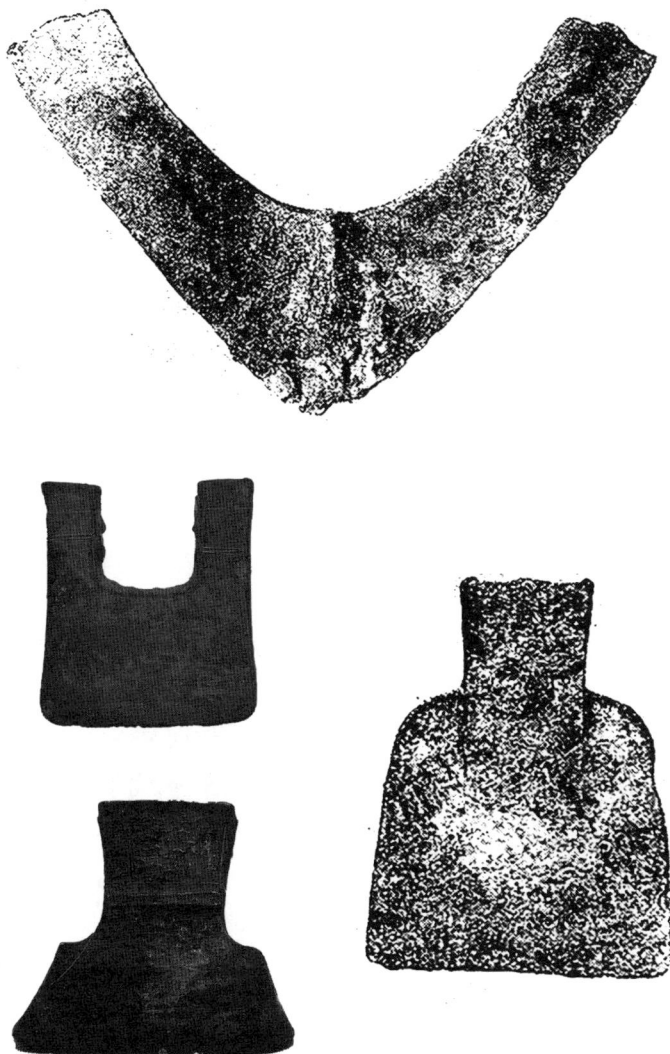

战国时期的铁制生产工具

七、《孙子》的语言特色

孔子说:"《志》有之:'言以足志,文以足言。'不言,谁知其志? 言之无文,行而不远。"(《左传·襄公二十五年》)孙子论述古来战争的宏文大义,必须配以独特语言形式,借言之"文",推广"行"之远。据现传《孙子》来看,多属四字顿拍,排比押韵,骈散间错,利于口诵。既有《诗经》四言体的整齐美,又不失战国诸子散文的活泼流畅。用词简洁,句法严谨,修辞多样,篇章完整,已跳出片段零碎的语录体,进入组织严密、推论顾盼多姿的论辩文体。这在春秋文献中实属罕见。

其一,辞约义丰。例如"兵",借助上下文的语境,时而表示"战争"(兵者,国之大事),时而表示"对敌作战"(兵者,诡道也),时而表示"军队"(不战而屈人之兵),时而表示"武器"(钝兵挫锐),等等。至于"士兵"的意义,还是后来出现的,古代以"卒"表示(视卒如婴儿)。

其二,借喻论理。《孙子》运用比喻相当丰富。不仅打比方的喻体明白浅显,形象可感,而且借来议论,使深奥的道理通俗易懂,强化它的表达效果。例如:"兵之所加,如以碬投卵者,虚实是也。"(《势篇第五》)拿起磨刀石撞击鸟卵子是什么情景? 一下子就把以实击虚的用兵道理,形象又夸张地表现出来了。

"激水之疾，至于漂石者，势也。"（《势篇第五》）势，力运动表现出来的能量，人们常见却不易说明白。这里比喻"激水之疾，至于漂石"，就让人感觉到"势"是什么样了。平静的水流不会漂起石块，当它受外力阻击，加大流速的时候，能把沉淀的石块带走。孙子意在说明，指挥作战不能死板地看部队的战斗力量，只要努力设谋作法，形成激水，就有漂石那样的战势，大大加强部队的战斗力。

"夫兵形象水，水之形，避高而趋下；兵之形，避实而击虚。水因地而制流，兵因敌而制胜。故兵无常势，水无常形，能因敌变化而取胜者，谓之神。"（《虚实篇第六》）这里，起、承、转、合，逐层借喻议论，调动人的联想，深化认识。"水因地而制流"的形象可感，就使"兵因敌而制胜"的道理浅显明白了。地形不同，水无常形，敌人虚实不同，作战就无常势。只有深入研究敌人，才能掌握其虚实。"因敌而制胜。""知彼知己者，百战不殆。"因而誉之用兵如神。

其三，排偶韵律。对偶、排比是汉语的特色之一，《孙子》还将其与押韵相结合，造成生动的语句节奏美。押韵就是在相同的位置有规律地重复，以和谐的顿挫延长，调动人的联想。令人回味，加深记忆，增强表达的效果。例如："是故政举之日，夷关折符，无通其使；厉于廊庙之上，以

诛其事。敌人开阖，必亟入之。先其所爱，微与之期。践
墨随敌，以决战事。是故始如处女，敌人开户；后如脱兔，
敌不及拒。"（《九地篇第十一》）使、事、之、期、敌、事，
押之部韵。女、户、兔、拒，押鱼部韵。前面几句，运用
四字顿拍加隔句韵脚，表现突击战势的进程：决策——封锁
消息——推敲作战计划——捕捉战机——不宣而战——因敌
制胜。铿锵有力，气势逼人。后几句，同样四字顿拍，而
变为连句韵，而且组成对偶联，形成对照：始如处女，敌
人开户；后如脱兔，敌不及拒。上联是伪装示形，装作柔
弱安静的样子，误导敌人，让"敌人开户"，露出破绽。开
阖，银雀山汉简本作开阓。阓（huì），市场门。古代城门口
有市集，或即围成外城。战争期间，城门紧闭，而市集有时
进货不得不开，就有进攻的可乘之机。下联表现突击战，速
度快，如迅雷不及掩耳。处女之静美，脱兔之迅疾，两相映
照，突显态势变幻，主动突击的神韵，让人击节三叹。

其四，推理严密。由于古今语音变化较大，《孙子》的
韵语多被淹没。不少同字为韵则没有变化。从中可以感受到
韵律节奏对论述推理的强化作用。例如："故备前则后寡，
备后则前寡，备左则右寡，备右则左寡，无所不备则无所不
寡。"（《虚实篇第六》）寡，多的反面，指兵力弱小。这里
五次押寡字韵脚，跳动着强烈的节奏，使人深刻感受到隐蔽
自己对分散敌人力量的重要性；也写出怎样从中寻找敌人的

弱点，实施以实击虚。

"国之贫于师者远输，远输则百姓贫。近于师者贵卖，贵卖则百姓财竭，财竭则急于丘役。"（《作战篇第二》）顶针式三组排比，关联词"远输""贵卖""财竭"，前后连接过渡，把上下紧密串联起来，像顶针般连续推进一层。它深刻揭示战争的灾害是恶性循环：战事耗费大，必然加重对百姓的剥削，造成民贫国困，最终必定战争失败。

孙子运用排比句富有变化，多重交错，绝不单调。例如："凡用兵之法，全国为上，破国次之；全军为上，破军次之；全旅为上，破旅次之；全卒为上，破卒次之；全伍为上，破伍次之。是故百战百胜，非善之善者也；不战而屈人之兵，善之善者也。"（《谋攻篇第三》）这里用双叠排比，强烈对照，说明力争"全胜"的重要意义。而四字顿拍连用五组排比之后，接着一个对偶句，却是"6＋6"对"7＋5"，有点变化，显得摇曳多姿，吸引人们注意。"全胜"是孙子战争观的人道主义亮点，是《孙子》以战反战的基石。为什么说"全国为上，破国次之"呢？因为"破国"而取胜，自己也得付出很大的代价。所谓"克敌一千，自损八百"。而"全胜"则避免了战火的破坏，敌方的人力、物力可以取为我用。更重要的是留住多少生命啊！"是故百战百胜，非善之善者也；不战而屈人之兵，善之善者也。"所以孔子赞赏"桓公九合诸侯，不以兵车，管仲之力也。如其仁，如其仁"（《论语·宪问》）。

其五，"者……也"，表示判断的语气词。论述行军相敌时，却连用三十一句，组成一篇咏叹调。把观察环境，判断敌情，本来十分枯燥的事情，说得生动有趣，顺口好记："敌近而静者，恃其险也。远而挑战者，欲人之进也。其所居易者，利也。众树动者，来也。众草多障者，疑也。鸟起者，伏也。兽骇者，覆也。尘高而锐者，车来也。卑而广者，徒来也。散而条达者，樵采也。少而往来者，营军也。辞卑而益备者，进也。辞强而进驱者，退也。轻车先出居其侧者，陈也。无约而请和者，谋也。奔走而陈兵者，期也。半进半退者，诱也。杖而立者，饥也。汲而先饮者，渴也。见利而不进者，劳也。鸟集者，虚也。夜呼者，恐也。军扰者，将不重也。旌旗动者，乱也。吏怒者，倦也。粟马肉食，军无悬瓿，不返其舍者，穷寇也。谆谆翕翕，徐言入入者，失众也。数赏者，窘也。数罚者，困也。先暴而后畏其众者，不精之至也。来委谢者，欲休息也。"（《行军篇第九》）随事洞察，排比顿挫，长短句子交错，极尽变化多彩。北宋欧阳修，因支持庆历新政而被贬官滁州，写作《醉翁亭记》自我疗伤。《古文观止》誉之为"文家之创调也"，历来脍炙人口。从头至尾，二十一句"者……也"，反复咏叹，"醉翁之意不在酒，在乎山水之间也"。读来自然受到感染，觉得陶情悦性，摆脱心灵创伤，获得从容不迫的乐观气度。

对照上述孙子的文章，是否觉得文豪欧阳修的"创调"也是有来源的？

此外，《孙子》语言苍古，可能暗藏不少方言因素，成为后人需要破解的难题。作者孙武，齐人，即今山东省东部一带，方言难免被带进他的书面语言中。例如："形之，敌必从之。予之，敌必取之。以利动之，以卒待之。"（《势篇第五》）此句意在设法调动敌人，然后在运动中伏击他。这是最早的关于运动战的思想萌芽。可是"以卒待之"的"卒"字怎么解？一般注解为"兵卒"，就与伏击意义不相合。而从上下文语境来看，"兵卒"，名词，不能表现"以利"调动敌人后怎样对待敌人的战势。孙子说："凡战者，以正合，以奇胜。""战势不过奇正，奇正之变，不可胜穷也。"（《势篇第五》）这里正是"奇正之变"，被调动的敌人要用奇兵对付他。清人俞樾《诸子平议补录》卷三说："卒字疑诈字之误。《军争篇》：'故兵以诈立，以利动。'亦以利与诈对言，是其证也。此言敌之未至，则以利诱之，使之从我；及其既至，又必出奇，乃能制胜也。僖三十三年《公羊传》：'诈战不日。'何休注曰：'诈，卒也，齐人语也。'是齐语诈、卒声相近。孙子本齐人，其言诈如卒，故误为卒耳。"（见郭在贻《古代汉语词义札记》）按：俞说作为疑误提出，有内证与旁证，较为可信。如是方言"以诈待之"，倒是上下贯通了。可见，以"兵卒"注解"以卒待之"，不合孙子原意。

孙子与孔子同时代,而今传《孙子十三篇》与《论语》的语言风格大异其趣,倒是与战国诸子,如《荀子》的语言风格相似。

第一,《论语》是语录体,虽有论理也是说话的口气;《孙子》是议论文,具备概念、判断、推理诸要素。

第二,《论语》多是短章凑合,各自为政,前后不一定有逻辑关系。篇名只是取开头的两个字,不是主题或中心论题。《孙子》篇章组织围绕一个论题,分章各就其一个方面展开论述,突出主题思想,并取其作为篇名。如《论语》的《学而第一》,只是摘取开篇"学而时习之,不亦说乎"的开头两个字罢了。《孙子》则不同,《计篇第一》就围绕计算预测,论述战前的战略部署,篇名就是主题。

第三,古今字。上古汉字量少,有些概念没有相应的文字符号,就由已有的字兼代,后来造了新字才分开使用。这种"古今字",反映了书面语的时代特征,可作为测定语言时代的一种试剂。例如"里仁为美,择不处仁,焉得知?"(《论语·里仁第四》)这个"知"是"智"的古字。《论语》全书,凡是"智"的意思都用"知"字。《孙子》就不同,"知"与"智"并行不谬,没有"知"兼代"智"的情况。例如:"故策之而知得失之计,作之而知动静之理,形之而知死生之地,角之而知有余不足之处。故形兵之极,至于无形。无形，则深间不能窥，智者不能谋。因形而错胜于众，众不能知。"（《虚实篇第六》）这里几个"知"字都卸去兼代意义，而"智"字独立运行。这种情况在战国诸子文献中是普遍的。如孟子引用的齐人语："虽有智慧，不如乘势。"（《孟子·公孙丑上》）又如"说"与"悦"这对古今字。《论语》第一章"学而时习之，不亦说乎？"就是以"说"兼代"悦"字。《孙子》"怒可以复喜，愠可以复悦"（《火攻篇第十二》）就用今字"悦"。1972 年出土的银雀山汉简《孙子》，是西汉初年的隶书抄本，其中出现古今字混用的情况。有仍用古字的，例如："将者，知（智）□……"（《计篇第一》）"虽知（智）者，不能善其后矣。"（《作战篇第二》）有用今字的，例如："无智名，无勇功。"（《形篇第四》）还有把今字当古字乱用的，例如："胜可智（知）〔□〕不可为也。"（《形篇第四》）"四五者，一不智（知），非王霸之兵也。"（《九地篇第十一》）推想其所据原本不一。其中有比今传《孙子》文本更早的迹象。

第四，双音词。古代汉语是单音节，一个字就是一个词。随着社会发展，后来逐渐趋向双音节，到现代汉语基本就是双音节了。《论语》除了少数叠音联绵词外，很少一般的双音词。而《孙子》则较多双音词。例如：上例中的"得失""动静""死生""有余""不足"等。又如："凡用兵之法，驰车千驷，革车千乘，带甲十万，千里馈粮，则内外之费，宾客之用，胶漆之材，车甲之用，日费千金，然后十万之师举矣。"（《作战篇第二》）这里大多数是双音词了。

语言风格是时代的产物。现传《孙子》沿用宋本《孙子十家注》《武经七书》。1972 年 4 月，山东临沂银雀山一号汉墓出土竹简 4942 枚，包括《孙子》三百余枚，《孙膑兵法》四百余枚，以及《尉缭子》《六韬》《管子》《晏子》《墨子》等。文物证明孙子与孙膑是两个人，确如《史记》所言各有兵法著作传世。过去因《孙膑兵法》失传，误认孙子即孙膑的问题得以解决。（从南宋叶适至陈振孙、梁启超、钱穆《先秦诸子系年考辨》，都误认"史无孙子其人""武即膑名耳"。）

汉简《孙子》是毛笔墨书多人手抄隶书。据同时出土的"半两钱""五铢钱"推断，当属西汉前期。而汉简抄录时间当更早些，因为它对汉初几个皇帝名字都不避讳。如 0524 简"子言晋邦之将"，不避汉高祖刘邦，0129 简"盈虚实"不避惠帝刘盈，0134 简"非士恒势也"不避文帝刘恒，0392 简"葆启"不避景帝刘启，0182 简"四路必彻"不避武帝刘彻。而今本《九地篇第十一》"常山之蛇"，则避汉文帝名讳。汉简则不避，作"恒山之蛇"。由此看来，汉简本成书当在秦末汉初。与今行本对校，除少量文字有出入外，大体相同，属于一个版本流传至今。文字出入，有些可以看出是笔误，多人手抄难免差错。有些则说明此前长达三百年间，《孙子》不止一种版本，或经几个时期、多个学者修订而成。《韩非子·五蠹篇》说："今境内之民皆言治，藏商、管之法者家有之，而国愈贫，言耕者众，执末者寡也。境内皆言兵，藏孙、吴之书者家有之，而兵愈弱，言战者多，被甲者少也。"魏文侯时有商人白圭"乐观时变"，善于用智慧经商致富。他说："吾治生产，犹伊尹、吕尚之谋，孙吴用兵，商鞅行法是也。"（《史记·货殖列传》）所以，班固《汉书·艺文志》著录："《吴孙子兵法》八十二篇，图九卷；《齐孙子》八十九篇，图四卷。"（对"吴孙子"，唐颜师古注："孙武也，臣于阖庐。"对"齐孙子"，颜师古注："孙膑。"）这数量差异，可能就是秦以前直至孙武生前，《孙子》不同版本混杂的情况。至于哪个是孙子原著，哪个是阖庐所见文本，已被历史淹没，不可探寻了。出现在后人面前的就是现传的语言风格近似战国诸子，而内容只讲春秋车战不涉及战国骑战，确系春秋论著的《孙子十三篇》。

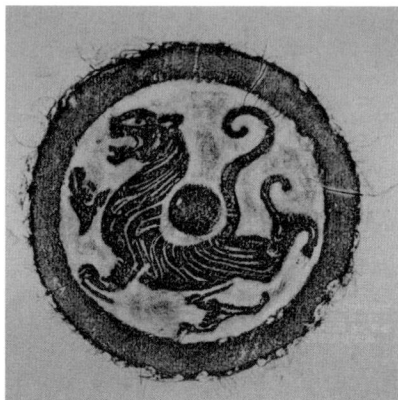

白虎纹瓦当拓片

青龙纹瓦当拓片

玄武纹瓦当拓片

朱雀纹瓦当拓片

八、《孙子》的国际影响

我国古代典籍，传播世界最早、影响最深的，莫过于《论语》与《孙子》。西方人称《论语》是"中国的圣经"，称《孙子》是"兵学圣典"。《孙子》传播全球，已被翻译成 30 多个语种，在 50 个国家和地区传播，有上千个版本。其中日语 230 种，英语 33 种，法语 6 种，俄语 5 种，朝鲜语 5 种，意大利语 3 种，德语 2 种。还有捷克语、罗马尼亚语、希伯来语、丹麦语、希腊语、西班牙语、阿拉伯语、印地语、泰米尔语、越南语、印尼语、缅甸语、泰国语、马来语等译本。美国国防大学战略研究所所长约翰·柯林斯在其《大战略》中说："孙子是古代第一个形成战略思想的伟大人物……《孙子十三篇》可与历代名著，包括 2200 年后的克劳塞维茨的著作媲美。今天没有一个人对战略的相互关系、应考虑的问题和所受的限制比他有更深刻的认识。他的大部分观点，在我们当前的环境中，仍然具有和当时同样重大的意义。"（见军事科学院版《大战略》）当代英国军事理论家利德尔·哈特说："由于核武器的发展，人们更需要孙子的思想。"日本陆军士官学校教官尾川敬二在其论著《孙子论讲·自序》中说："孙子是东方兵学的鼻祖，武经的冠冕……其文章苍古雄劲，与内容之美满相映，大有优于六经之概……又如其格言规箴，最为脍炙人口。可以当为处世的教训，而贡献于一般人士者不少。故孙子不独在兵法上具有最高权威，且在思想上亦蔚为巨观。"

《孙子》在我国唐代开元年间即传到日本的奈良王朝。遣唐留学生吉备真备（693—775年）第一次来长安留学十九年，735年带回唐礼、历学、音乐、《孙子》、《吴子》等典籍，以及弓箭等器具。第二次以遣唐副使身份来华三年，754年回国后升任太宰府大贰。之后他给日本军人讲授《孙子》《吴子》《诸葛八阵》。891年，《日本国见在书目录》列有六种《孙子》书。不过那时是以汉语抄本密藏内府的。到德川幕府时代（1603—1867年）才出现刻本和日文译本。在日本，研究《孙子》的机构多达五十家。将军侍讲林罗山（著有《孙子谚解》）被推为日本注释《孙子》第一人。著名大将武田信玄就在战旗上绣"风林火山"四字，即取自《孙子·军争篇第七》中的"其疾如风，其徐如林，侵掠如火，不动如山"。据统计，到第二次世界大战前，日本已出版《孙子》专著一百种以上。

将《孙子》传播至欧美的人，最早是法国神父约瑟夫·J.阿米欧，1772年他在巴黎出版法文《中国军事艺术》，包括《孙子十三篇》。（直到1972年才出现英文转译本）1905年，英国陆军上尉E.F.卡尔思罗普，被派遣到日本学习期间，据日文《孙子》翻译成英文在东京出版，但此书差错较多。1910 年，汉学家、不列颠博物馆东方书籍与手稿部主任助理 L.贾尔斯，在伦敦出版新的英文译本《孙子兵法——世界最古之兵书》，对旧译有诸多指摘和纠正。1983 年，定居美国的英国作家詹姆斯·克拉维尔，即据此改编为英、德、西班牙文普及本《孙子兵法》（美国国会出版物数据编目图书馆本）。詹姆斯·克拉维尔在《前言》中说："第一次得知《孙子》是 1977 年香港之行。一读之后就佩服得五体投地，从此爱不释手。之所以被深深打动：一是这本非凡的著作，在 2500 年前阐述的许多真理到今天还用得上。若过去为当代的领导人所认真研读，两次世界大战很有可能避免；二是《孙子》极其清楚地揭示了夺取主动权与克敌制胜的法则；三是其中包含的真理，同样指明了在军事之外的各个领域内对付冲突与斗争的取胜之道。"译者对《孙子》的热烈赞颂，代表了军界以外人士对现代战争的看法。译本保留了贾尔斯本中有趣的中国典故和通俗注解，对《孙子》在西方的普及起了很好的作用。

1963 年，美国退役准将塞缪尔·B.格里菲斯在牛津大学的博士论文，就是据孙星衍校《孙子十家注》翻译的《孙子兵法——翻译与导论》。该书纠正了贾尔斯 1910 年英译本中的一些错误，是联合国教科文组织认可的英文译本。1972 年被转译为法、德文新版本。至于俄文本，早在 1860 年，汉学家斯莱兹奈夫斯基就翻译出版《中国将军孙子对其属下将领的教诲》，编入《军事汇编》第十三卷。1943 年，又据贾尔斯 1910 年英译本转译俄文本。1950 年，苏联出版 H.N. 孔拉德的大部头专著《孙子兵法的翻译与贡献》。1955 年，苏联国防部军事出版社据汉语《诸子集成·十家注孙子》直接译为俄文新版本。译者西多连科中校在《前言》中说："古代中国高度发达的文化，促进了它军事学术高水平的发展。当欧洲人还不知道进行战争的知识体系为何物时，中国的将帅已在尝试总结战争的经验。"

《孙子》不仅在日本，而且在西方各地普遍受到重视，被许多国家的军官学校引为教材，引起政要对战争的反思。德文版《兵法——中国古典军事家论文集》1910 年在柏林出版之后，因发动第一次世界大战而被废黜的德国皇帝威廉二世慨叹："早 20 年读《孙子》，就绝不至于遭受亡国的痛苦了。"他反复玩味："主不可以怒而兴师，将不可以愠而致战。合于利而动，不合于利而止……"（《火攻篇第十二》）20 世纪 60 年代末，美国尼克松政府就根据《孙子》思想，用"现实威慑"取代原来的"相互确保摧毁"战略，或简称"核威慑"。美国研究中心斯坦福研究所主任福斯特，批评美国的"相互确保摧毁"战略是失败的战略。因为《孙子·谋攻篇第三》明说："上兵伐谋，其次伐交，其次伐兵，其下攻城。攻城之法为不得已。"摧毁城市（破坏经济）是最拙劣、万不得已的做法。战争的目的是求胜，是得利，所以最好的战略是"不战而屈人之兵"。尼克松 1988 年的新著就取名《1999——不战而胜》。美国前总统卡特的国家安全顾问布热津斯基认为，核时代应以孙子"上兵伐谋""不战而屈人之兵"作为美苏竞争的战略总方针。1991 年的科威特海湾战争被誉为高科技条件下成功运用《孙子兵法》的战例。战后美国国防部的报告《海湾战争》说："多国联盟成功地实践了孙子所说的'上兵伐谋'的战略思想。"在 42 天的战争中，美方发挥了情报准确、空中力量强大等全部优势，对敌首脑机关、通信指挥机关等战略目标和地面部队进行 28 天的持续轰炸，然后仅用 4 天地面战，巧妙运用孙子"避实击虚"，"以正合，以奇胜"，实施机动运动战，"最终以极少的伤亡赢得战争胜利"。美海军陆战队制订计划的苏顿将军说："认识到正面攻击是下下之策，这完全是《孙子兵法》的运用。"当时，美军司令部已把《孙子兵法》定为陆战队军官首部必读书，他们确实带着此书上战场。此战美军死亡 148 人，伤 4000 多人，失飞机 56 架、坦克 35 辆、舰艇 2 艘；而伊拉克军死 2 万多，被俘 8.6 万人，失飞机 324 架、坦克 3847 辆、兵舰 143 艘，战争赔偿 2000 亿美元。

第二次世界大战后，日本的人才涌入经济界。在商业竞争、企业管理上运用《孙子》取得巨大成功。松下电器创始人松下幸之助说："《孙子兵法》是天下第一神灵，我们必须顶礼膜拜，认真背诵，灵活运用，公司才能发展。"在日本的商家无不把《孙子》和《三国演义》作为案头必读书。《孙子》中的词语，如"背水之阵""正兵奇兵""避实击虚""始如处女，终如脱兔""吴越同舟""常山蛇阵"等已成通用的熟语成句。《孙子》中的一些警句，如"知彼知己"，棒球运动员往往脱口而出。在连锁书店可以看到各种有关《孙子》的书籍，有漫画、小说、口袋书、科普读物、娱乐类图书等，总数 280 种以上。《孙子》在日本普及面很广，可谓妇孺皆知。

英国书店中的《孙子》出版物

日本书店中的《孙子》出版物

孙子十三篇译注

　　今传《孙子十三篇》大体可分为两大部分：前五篇为战争准备理论，包括重战、慎战、重谋、全胜、速战、形变、造势等思想原则；后八篇为战争实施理论，包括虚实原则、主动原则、机动原则、用间原则，以及特殊战法等问题。

　　关于《孙子》的研究论著很多，但传世的《孙子十三篇》版本只有三种：一是宋版《武经七书·孙子兵法》，二是宋版《孙子十家注》，三是汉简。前两种宋版都出自东汉末年曹操注本。武经本是北宋元丰年间朝廷为武举考试颁发的"教材"，一直流传至今。十家注本是《宋史·艺文志》

著录的吉天保辑本《十家孙子会注》，但到明正统年间才见到《道藏》刻本。清代孙星衍校注后更为完善，编入《四部备要》《诸子集成》。第三种，汉简。1972年4月，山东临沂银雀山一号汉墓出土《孙子》抄本竹简三百多枚。对西汉早年几代皇帝名字均不避讳，可以认定它成于西汉建国之初，而其底本可能更早。但汉简本残缺不全，多人手抄，差错不少。因此，本书以《孙子十家注》为底本（1991年3月天津古籍书店影印浙江书局光绪年间《二十二子》刻本），参校汉简、武经本。疑义处加注说明。

计篇第一
（决策预测论）

✿ 解题 ✿

　　计，计算，谋划。《说文解字》："计，会也。筹也。"筹，计数的工具，竹筹。引申为计数，谋划，出主意。篇，文章单位。古代写字在竹简或木牍上，再用绳子串接起来，首尾完整叫篇。本篇主要论述战前如何谋划战争的全局问题。强调要重视敌我客观条件的分析比较，运用"五事七计"的预测方法，因利而制权。"多算胜，少算不胜。而况于无算乎！"警告当权者，多想想战争的严重后果，不要盲目动武，自招败亡。孙子论战争诡道，为研究战争规律，提高反战的能力，以救治"春秋无义战"的乱局。这些具有提挈全书纲领的意义，故列为首篇。

　　1-1　孙子[1]曰：兵[2]者，国之大事，死生之地，存亡之道[3]，不可不察[4]也。[5]

✿ 译文 ✿

　　孙先生说：战争，国家的大事，是拼死求生的场所，国家存亡的道路，是不能不深入考察研究的。

✿ 注释 ✿

[1] 子：先生，尊称有学问的人。本书特指春秋时期兵学家孙武。

[2] 兵：武器。《说文解字》："兵，械也。"篆书"兵"作双手持剑用力刺杀的形状。引申为用兵，战争。

[3] 道：路，规律。

[4] 察：审察，深入细看，研究。

[5] 者……也：古代汉语判断句的语气词。相当于现代汉语句式："……是……。"

1-2　故[1]经之以五[2]，校之以计，而索其情[3]。一曰道，二曰天，三曰地，四曰将，五曰法。

✿ 译文 ✿

因此要用五大事项为纲来规划战事，计算比较双方的实力，预测战争的情势。这五事，第一是道义，第二是天时，第三是地利，第四是将才，第五是法制。

✿ 注释 ✿

[1] 故：所以，因此。上下文因果关系的连词。

[2] 经之以五：武经本作"五事"。经，经线，织布"经正而

后纬成"。这里作动词，经营，规划。五，五个基本事项，是规划战事的纲要。包括政治形势、客观条件、人才优势、制度建设等。无论是国家大事还是个人创业都离不开此五项，因而具有普遍性。

[3] 校（jiào）之以计，而索其情：计算比较双方实力，预测战事发展情势。类似现代从数据统计中探求事物发展规律的论证方法。校，同"较"，比较。索，搜求，预测。

道者，令民与上同意也。故可与之死，可与之生，民弗诡也[1]。天者，阴阳、寒暑、时制也。地者，高下、远近、险易、广狭、死生[2]也。将者，智、信、仁、勇、严也。法者，曲制、官道、主用也。[3]凡此五者，将莫[4]不闻，知之者胜，不知者不胜。

✿ 译文 ✿

道，道义，就是治国有道，政治清明，让民众认同君主的意愿。打仗时能够一起冲锋陷阵，一起突围求生，民众不会有二心。天，天时。就是昼夜、晴雨、寒冬、酷暑，四季节候等自然情况。地，地利。就是地势高低，道路远近，地形险平，场面阔狭，死地生地等复杂的地理条件。将，将领。具备智慧、诚信、仁爱、勇敢、严明五大品质的人才。法，法制。军队的组织编制、旗帜信号、将吏职责、军队训练、军需财务管理各项制度。以上五事，将帅没有没听说过的，深知践行的能争胜，不知的不能求胜。

✧ 注释 ✧

[1] 民弗诡也：民，民众。古代农奴，替贵族种地、服劳役、打仗。兵众就是民众。诡（guǐ），违反，有二心。通行本作"民不畏危"，误。据银雀山汉简本改正。"危"，古训"疑"。后人误解作"危险"，又妄添"畏"字。俞樾《诸子平议补录》中，"曹公注曰：危者，危疑也。不释畏字，其所据本无畏字也。民不危，即民不疑，曹注得之。孟氏注曰：一作人不疑，文异而义同也。《吕氏春秋·明理篇》曰：以相危，高诱训危为疑，盖古有此训，后人但知有危亡义，妄加畏字于危字上，失之矣"。

[2] 死生：指复杂地形。进退两难为死地，易守能攻为生地。

[3] 曲制、官道、主用：组织编制、信号、职责、军需管理等制度。曹操注："曲制者，部曲幡帜金鼓之制也。官者，百官之分也。道者，粮路也。主用者，主军费用也。"

[4] 莫：没有谁。指示代词。"将莫不闻"，将帅都知道的常识。

故校之以计，而索其情。曰：主孰[1]有道？将孰有能？天地孰得？法令孰行？兵众[2]孰强？士卒孰练？赏罚孰明？吾以此知胜负矣。

✤ 译文 ✤

所以，计算敌我双方的实力，比较预测，把握作战的情势。就是说：哪一方的君主治国有道？哪一方的将领贤能？哪一方占有天时地利？哪一方法令被贯彻执行？哪一方的武器装备精良？哪一方的士兵训练有素？哪一方的赏罚公正严明？我根据这些，未开战就可以预测谁胜谁败了。

✤ 注释 ✤

[1] 孰：何，哪一个。疑问代词。

[2] 兵众：指武器精良。《说文解字》："兵，械也。"顾炎武曰："古之言兵，皆指器。秦汉以下，始以执兵之人为兵。"众，多。

1-3 将[1]听吾计，用之必胜，留之；将不听吾计，用之必败，去之。

✤ 译文 ✤

要是听从我的计策，叫我指挥战斗定能取胜，我就留下来尽力。如果不接受我的计策，叫我指挥作战一定失败，我应该辞职离开。

注释

[1] 将：副词，将要，要是。

1-4　计利以听，乃^[1]为之势^[2]，以佐其外。势者因利而制权^[3]也。

译文

分析利害得失，让计策被采纳，这才设奇谋营造战势，作为常法之外的辅佐。所谓势，就是借助有利条件，加以灵活运用。

注释

[1] 乃：副词。于是，才。

[2] 势：力运动表现出来的能量。如气势、趋势、形势、态势、权势等。顺势而动，产生巨大的威力。古代谚语说："虽有智慧，不如乘势。"（见《孟子·公孙丑上》）

[3] 因利而制权：凭借有利条件，加以灵活运用。权，秤锤。称物时按重量移动变化。引申作权衡、变通等。《广雅·释器》："锤谓之权。"秦孝公时商鞅变法，就制定"平斗桶、权衡、丈尺"。权的质地有铜、铁、陶等。

1-5　兵者，诡道^[1]也。故能而示之不能，用而示之不

用，近而示之远，远而示之近。

🔯 译文 🔯

对敌作战，是用诡异反常的方法。所以能战却装作不能战，用兵却表示不用，进攻近处反而表示向远处去，进攻远处却在近处佯动。

🔯 注释 🔯

[1] 诡道：诡异反常的方法。诡，诡异，反常，伪诈。道，法术，方法。曹操注："兵无常形，以诡诈为道。"李筌注："兵不厌诈。"

利而诱之，乱而取之，实而备之，强而避之，怒而挠[1]之，卑而骄之，佚[2]而劳之，亲而离之。攻其无备，出其不意[3]。此兵家之胜，不可先传也。

🔯 译文 🔯

用利益引诱对方上当；出现乱局趁机进攻；对敌人实力处加强防备；敌人强大处避其锋芒；敌人暴躁时，扰乱他出错；敌人谦卑，吹捧他骄傲轻敌；敌人安逸休整，要使他劳累；敌人亲密合作，就破坏离间他。总之，攻击要趁对方没有防备，行动出乎敌人意料之外。这是军事家临机应变制胜的奥妙，不可能事先传授的。

☖ 注释 ☖

[1] 挠（náo）：扰乱，使他出错。

[2] 佚（yì）：同"逸"，安逸。人马休整。

[3] 攻其无备，出其不意：无备，对方防务上的漏洞。不意，敌人思想上麻痹大意。这是攻击的最佳战机。

1-6 夫未战而庙算[1]胜者，得算多也。未战而庙算不胜者，得算少也。多算胜，少算不胜，而况于无算[2]乎！吾以此观之，胜负见[3]矣。

☖ 译文 ☖

开战前高层会议预测打胜仗，那是算出我方有利条件多。开战前高层估算不能取胜，那是胜算的条件少。胜算多的可以取胜，胜算少的不能胜，何况那种毫无胜算条件的呢。我照这样来预测，战争结局是胜是败，就很明显了。

☖ 注释 ☖

[1] 庙算：最高军事会议决策。庙，庙堂，朝廷。又叫庙谋。算，通"筭"，计数的筹码。《说文解字》："筭，长六寸，计历数也。"替代取胜的条件。运用筹码加减乘除，叫筹算，直到宋代才

出现珠算（算盘），近代发明计算器、电子计算机。

　　[2] 无算：估算没有取胜的条件。

　　[3] 见：同"现"，显示。

兵

武器。篆书作双手持刀刺杀状。引申为战争、持械的士卒等

汉代画像砖作战场面

作战篇第二
（速战速胜论）

✿ 解题 ✿

　　"作战"，发动战争。《说文解字》："作，起也。""战，斗也。"孙子以《计篇第一》首先论述定计，即战略决策之后，《作战篇第二》论述如何开展战斗的问题。从战争依赖于经济条件的唯物论出发，论断"兵贵胜，不贵久"，主张速战速决，反对旷久生变。但反过来看，速决战的要害就是怕持久战。对抗侵略者，正可运用游击战、全民持久战来打破他速决的如意算盘。弱国只有运用持久战，方可最后取胜。例如我国的十四年抗日战争。

　　2-1　孙子曰：凡用兵之法，驰车[1]千驷，革车[2]千乘[3]，带甲[4]十万，千里馈[5]粮，则内外之费，宾客之用，胶漆之材，车甲之用，日费千金[6]，然后十万之师举矣。

✿ 译文 ✿

　　孙先生说：大概发动一场战争的法则，要用进攻战车一千辆，辎重运输车一千辆，武装士兵十万人。加上千里长途运送粮草，那么前方后方的费用，外交使节的招待，胶漆弓箭器材的购置，车辆盔甲的供给等，每天要花费金子一千斤，然后十万大军才能出动。

☞ 注释 ☜

[1] 驰车：轻便的战车。

[2] 革车：载重的运输车。

[3] 驷（sì）、乘（shèng）：一车四马的单位量词。

[4] 带甲：铠甲武装的士兵。杜牧注引《司马法》曰："一车，甲士三人，步卒七十二人。"四匹马，一个驾驭手。据此，"千驷"，就有马四千匹，战士七万五千人。加上后勤，合计"十万之师"。

[5] 馈（kuì）：运送。

[6] 千金：一千斤金子。古代金子纯度低，夹杂铜铅等，但它是最贵重的货币。重一斤叫一金。"千金"泛指巨额钱财，成为贵重的代名词。如千金之躯、千金小姐等。

其用战也贵胜。久则钝兵挫锐[1]，攻城则力屈。久暴[2]师则国用不足。夫钝兵挫锐，屈力殚货[3]，则诸侯乘其弊而起，虽有智者，不能善其后[4]矣。

☞ 译文 ☜

这样动用大军去作战，就要重视速胜。因为拖长时间，疲劳军队，挫折锐气，攻城夺地就没有力量了。军队长期在野外作战，国家财政负担困难。一旦军队疲惫，士气挫折，力量耗尽，物资缺乏，列国诸侯趁我危机要来打劫，那时就是足智多谋的人也难以收拾危局了。

✿ 注释 ✿

[1] 钝兵挫锐：武器损坏。钝，刀不锋利。替代军队疲惫，士气不振。

[2] 暴：同"曝"。暴师，军队露宿，野外作战。

[3] 殚（dàn）货：财政枯竭。殚，尽。货，货币。

[4] 善其后：挽救败局。后，后事。

故兵闻拙速[1]，未睹巧之久也。夫兵久而国利者，未之有也。故不尽知用兵之害者，则不能尽知用兵之利也。

✿ 译文 ✿

所以打仗只听说有用笨办法以求速胜，没有看到弄巧拖延成久战的。战事拖久而对国家有利的，是从来没有的事。因此没有全面深切了解用兵的危害，也就不可能完全懂得用兵的好处。

✿ 注释 ✿

[1] 拙速：笨办法速胜。如损失一部分，以换取战役胜利。

2-2 善用兵者，役 [1] 不再籍 [2]，粮不三载 [3]；取用于国，因粮于敌 [4]，故军食可足也。

☆ 译文 ☆

高明的指挥官，一次战役不用征兵两次，粮草不必多次运输；武器装备从国内取用，而粮草则在敌国就近筹集，所以军队供给就充足。

☆ 注释 ☆

[1] 役：兵役，征兵。

[2] 再籍：二次按户征兵。再，第二次。籍，户籍。

[3] 三载：多次运输。三，泛指多。载，装载。

[4] 因粮于敌：在敌区筹集粮草。《说文解字》："因，就也。"

2-3 国之贫于师者远输 [1]，远输则百姓贫。近于师者贵卖 [2]，贵卖则百姓财竭，财竭则急于丘役 [3]。

☆ 译文 ☆

国家因军队而贫困，就是出征远道运输。远道运输，百姓负担重就贫困。驻军地区，因军队需求大而拉高物价。物价飞涨，使百姓财货枯竭。国家财政枯竭，那就急忙加重征税。

❖ 注释 ❖

[1] 远输：长途运输。后勤补给线太长，古今战争都是难题。

[2] 近于师者贵卖：驻军地区，因军队需求大而拉高物价。

[3] 丘役：军赋。按地亩征收的战争税。杜牧引《司马法》注，每丘（十六井）供给战马一匹，牛四头，车一辆，甲士三人，步兵七十二人。如因战事急需，加四倍征收。叫"甸赋"。

力屈，财殚，中原[1]内虚于家。百姓[2]之费，十去其七；公家之费，破车罢马[3]，甲胄[4]矢弩[5]，戟盾[6]蔽橹[7]，丘牛大车[8]，十去其六。

❖ 译文 ❖

人力耗尽，财政枯竭，国内家家空虚。百姓财产，损失十分之七。公家耗费，如战车破损、战马累病、盔甲弓箭戟盾器材损耗、运输车辆毁坏等，损失十分之六。

❖ 注释 ❖

[1] 中原：指国内地区。

[2] 百姓：百官。上古黎民无姓，有姓者有土有爵。后泛指平民。

[3] 罢（pí）马：战马累病。罢，同"疲"。

[4] 甲胄：护身铠甲和头盔。

[5] 矢弩：箭矢和弩弓。弩，一种借机械发射，射程较远的强弓。

[6] 戟盾：矛和盾。进攻和防御的武器。

[7] 蔽橹：大盾牌。

[8] 丘牛大车：运输大车。按丘亩征调的牛车。

2-4 故智将务[1]食于敌。食敌一钟[2]，当吾二十钟。芑[3]秆一石[4]，当吾二十石。

🔆 译文 🔆

所以明智的将帅，力求在敌国补给粮草。在敌国吃到一钟粮，相当于本国运输二十钟。得到豆秆饲料一石，等于国内运输二十石。

🔆 注释 🔆

[1] 务：务必，力求。

[2] 钟：古代容量单位词。六十四斗为一钟。

[3] 芑（qǐ）秆：豆秸。芑，同"其"。

[4] 石（dàn）：重量单位词。一百二十市斤为一石（《汉书·律历志》）。

2-5　故杀敌者，怒[1]也。取敌之利者，货[2]也。故车战，得车十乘已上，赏其先得者；而更其旌旗，车杂而乘之，卒善而养之[3]，是谓胜敌而益强。

🏵 译文 🏵

勇敢杀敌，要激励强盛的士气。缴获敌人的战利品，就要财货奖励。所以车战中，缴获十辆以上战车，就重赏第一个夺车的人。把缴获的战车换上我军的旗帜，编入自己车队中参战。俘虏不杀，还要善待抚养他们，让他们为我服务。这叫作打胜仗又壮大自己的军队。

🏵 注释 🏵

[1] 怒：气愤，士气强盛。

[2] 货：财货，物质奖品。

[3] 卒善而养之：优待俘虏。古代大多杀俘虏，如项羽坑秦卒三千人。孙子主张不杀俘虏，还要优待他们，改造成为我方兵力。这体现了他的仁爱观念和辩证的思想方法。

2-6　故兵贵胜，不贵久。故知兵之将，民之司命[1]，国家安危之主也。

🔰 译文 🔰

所以，打仗贵在速胜，不看重持久。所以深知践行这种战争规律的将领，被誉为民众的救星，国家安危的主宰。

🔰 注释 🔰

[1] 司命：古代传说主管人的寿命的神。《管子·国蓄》："五谷食米，民之司命也。"

矛——进攻

越王玉矛
浙江绍兴漓渚出土

春秋·吴王夫差矛
长 29.5 厘米。湖北江陵
马山出土

唐墓壁画的列戟

谋攻篇第三
（上兵伐谋论）

✤ 解题 ✤

　　谋攻，运用计谋打败敌人。孙子认为作战计划既定，军队出发了，怎么打仗呢？一味催动战士勇敢杀敌吗？这是"兵攻"。兵攻"杀敌一千，自损八百"，不是理想的结局。高明的将帅应该追求以最少的代价获取最大的利益，这就要"谋攻"。战争是社会矛盾的集中爆发，不得不打，又不能硬打死拼。这就要"谋攻"。最好是运用政治、外交、经济等手段配合军事，造成压倒敌人的态势，"不战而屈人之兵"。也就是说，战争的最高级别是斗智。所以历来推崇"儒将"，看不起"有勇无谋"。

　　"上兵伐谋"是孙子军事思想的精髓。春秋中期，"齐桓公九合诸侯，不以兵车……一匡天下，民到于今受其赐"（《论语·宪问》）。这段著名史实，经《孙子》总结提炼，已成为至今世界上战略研究者信奉的战争圭臬。原子弹、导弹时代，更需要"上兵伐谋"的社会舆情。孙子警告当权者，不知三军之事，不可干涉三军之政，不要瞎指挥。要谨记"知彼知己者，百战不殆"。

　　3-1　孙子曰：凡用兵之法，全国[1]**为上，破国次之；**

全军为上，破军次之；全旅为上，破旅次之；全卒为上，破卒次之；全伍为上，破伍次之^[2]。是故^[3]百战百胜，非善之善者也；不战而屈人之兵^[4]，善之善者也^[5]。

✿ 译文 ✿

孙先生说：大概打仗的法则，迫使敌人举国归顺，是上策，打破城池后投降，就差一等；迫使敌人全军投降，是上策，打垮它就差一等；敌人全旅归顺是上策，打垮它就差一等；迫使敌军全卒投降，是上策，击溃它就差一等；敌军全伍投降，是上策，击溃它就差一等。所以，百战百胜并不是好中最好的，不用交战就能使敌人屈服，才是好中最好的。

✿ 注释 ✿

[1] 全国：国都完整，未受战争破坏。国，城堡，国都。

[2] 军、旅、卒、伍：军队编制单位。据《周礼》注："军，万二千五百人。""五百人为旅。""百人为卒。""五人为伍。"

[3] 是故：连词。所以，因此。

[4] 不战而屈人之兵：不用战斗，而以重兵、政治、外交施压，迫使敌人投降，自己不受损失，获得全胜，是最好的结局。曹操注："兴师深入长驱，距其城郭，绝其内外，敌举国来服，为上。以兵击破，败而得之，其次也。"

[5] 者也：语气助词，连用以加重肯定或否定语气。

3-2　故上兵伐谋[1]，其次伐交，其次伐兵[2]，其下攻城。

译文

因此，作战的理想上策是用计谋打败对方，次一等是用外交手段瓦解敌人，再次一等是动用武力击溃敌人，最下策是攻城。

注释

[1] 伐谋：以谋伐，用谋略打败敌人。伐，讨伐，进攻。

[2] 其次伐兵：动用军队打败敌人，自己也有损伤，不是全胜，比较起来就差了一等。

攻城之法为不得已。修橹[1]轒辒[2]，具器械，三月而后成。距闉[3]，又三月而后已。将不胜其忿，而蚁附之。杀士三分之一，而城不拔者，此攻之灾也。

译文

攻城的办法实在是不得已。制造攻城的大盾、大车，备齐攻城的器械，需要三个月才能完成。构筑攻城的射箭高坡，又需要三个月。将军控制不住愤恨情绪，驱赶士兵像蚂蚁一样爬墙攻城，结果战士死了三分之一，城堡还是攻不下来。这就是攻城的灾难。

✿ 注释 ✿

[1] 橹（lǔ）：防御的大盾。"蒙之以甲，以为橹。"（见《左传·襄公十年》）

[2] 轒辒（fén wēn）：攻城的四轮大车。上蒙牛皮，以掩护人攻城。

[3] 距闉（yīn）：土堆。构筑居高射击城内的攻城工事。距，通"巨"，大。闉，通"堙"，土山。

故善用兵者，屈人之兵而非战也，拔人之城而非攻也，毁人之国而非久也。必以全争 [1] 于天下，故兵不顿 [2] 而利可全，此谋攻之法也。

✿ 译文 ✿

所以善于用兵的人，降服敌人的军队不是靠死拼，夺取敌人的城堡不是靠硬攻，打破敌人的国家不用旷日持久战。一定要以"全胜"的谋略同诸侯争天下，这样一来，自己军队不受挫折，而胜利果实可以全部到手。这是以谋略打败敌人的法则。

✿ 注释 ✿

[1] 全争：全胜的策略。保全自己，战胜对方，获得圆满胜利。

[2] 兵不顿：刀枪不钝。军队未受挫折。顿，通"钝"，刀口不锋利。

3-3 故用兵之法，十则围之，五则攻之，倍则分之，敌则能战之，少则能逃 [1] 之，不若则能避之。故小敌之坚，大敌之擒也。

✿ 译文 ✿

所以作战的法则，有十倍兵力就包围敌人，五倍兵力就进攻敌人，一倍兵力可把敌人分开来打，与敌人兵力相等要顶住抗击它，兵力少可以扰乱敌人侧翼，实力不如敌人应该避免决战。弱小的军队还是死守硬拼，就要成为强敌的俘虏了。

✿ 注释 ✿

[1] 逃：谐音"挑"，扰乱。《说文解字》："挑，挠也。"段玉裁注："挠者，扰也。"挠之，兵力少可以扰乱敌人侧翼。

3-4 夫将者，国之辅 [1] 也。辅周则国必强，辅隙 [2] 则国必弱。

🔹 译文 🔹

将帅是国君的辅佐。辅佐做得周全，国家一定强盛，辅助有缺失，国家一定衰弱。

🔹 注释 🔹

[1] 辅：车轮外的固定木条，辅车相依。引申为辅佐，帮助。

[2] 隙：间隙，漏洞。

3-5　故君之所以患于军者三，不知军之不可以进而谓之 [1] 进，不知军之不可以退而谓之退，是为縻军 [2]。

🔹 译文 🔹

国君为什么会给军队造成危害，是因为三种情况：第一是不知道军队不可以前进，偏要命令前进，不知道军队不可以后退，却要下令撤退，这叫牵制军队。

🔹 注释 🔹

[1] 谓之：使之，命令他。《广雅·释诂》："谓，使也。"

[2] 縻（mí）军：牵制军队。縻，牛缰绳。

不知三军 [1] 之事，而同三军之政 [2] 者，则军士惑矣。不知三军之权，而同三军之任，则军士疑矣。三军既惑且疑，则诸侯之难^[3]至矣，是谓乱军引胜^[4]。

译文

第二是不了解军队的实际情况，却要把持军队的政务管理，会使官兵迷惑而不知所措。第三是不懂得军事随机应变的策略，却来指挥作战，会叫人怀疑是瞎指挥。全军上下既迷惑又有疑虑，那么外国诸侯趁机侵略的国难就到了。这叫作自乱军心，丢掉胜局。

注释

[1] 三军：泛指军队。周制天子六军，诸侯三军。

[2] 同三军之政：把持军队的政务管理。同，一起，操控，把持。一说，同疑为"伺"之形讹。伺即司字。司，主，主持。段玉裁曰："古别无伺字，司即伺也。"

[3] 难（nàn）：灾患。

[4] 引胜：丢掉胜局。引，拉开。

3-6　故知胜^[1]有五，知可以战与不可以战者胜，识众寡之用者胜，上下同欲者胜，以虞^[2]待不虞者胜，将能而君不御^[3]者胜。此五者，知胜之道也。

✿ 译文 ✿

预测胜局有五种情况：懂得什么情况可以开战与什么情况不可开战的，得胜；懂得指挥大部队，又会运用小部队的，得胜；官兵同心，一致对敌的，得胜；自己有准备来对付没有戒备的敌人，得胜；将帅有才能而国君不加牵制的，得胜。这五点是预测胜败的方法。

✿ 注释 ✿

[1] 知胜：预测胜局。

[2] 虞：意料，有准备。

[3] 御：驾驭，牵制。李荃注："将在外君命有所不受者胜。"

3-7　故曰：知彼知己者，百战不殆[1]；不知彼而知己，一胜一负；不知彼不知己，每战必殆。

✿ 译文 ✿

所以说，充分了解对方又正确认识自己的人，百战都不会有危险；不了解对方但知道自己的人，有时胜，有时败；不知道对方也不知道自己的人，每战一定都失败。

✿ 注释 ✿

[1] 殆（dài）：危险。

藤盾

铜盾

木盾

盾——防御

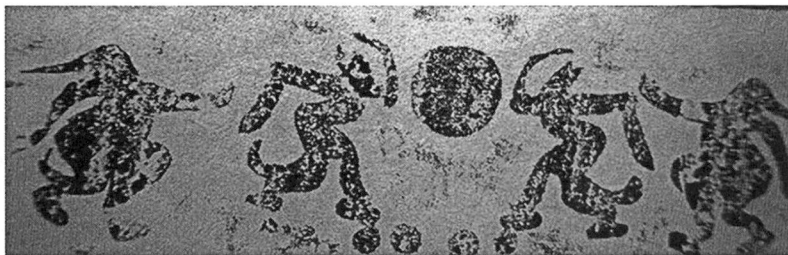
汉砖刻盾牌攻战图

形篇第四
（攻守形变论）

✧ 解题 ✧

　　形，军队实力的形象。《说文解字》："形，象也。"战争的基本形象是攻和守。古代兵器"矛"和"盾"就是攻和守的形象。本篇论述攻守一体，不可偏废，以及实战中形的随机变化。

　　一、示形。攻与守，对立统一。"先为不可胜，以待敌之可胜。""胜兵先胜而后求战。"不打无准备之仗。

　　二、隐形。战胜需要强大的实力基础，还要善于"隐形"。"善守者，藏于九地之下；善攻者，动于九天之上。"

　　三、无形。善战者要胜于易胜者，即见苗头就扼杀在摇篮里。最易取胜，也难能可贵。处于绝对优势，立于不败之地，无智名，无勇功，却能"自保而全胜"，这要靠"修道而保法"的内政建树。

　　4-1　孙子曰：昔之善战者，先为不可胜，以待敌之可胜[1]。不可胜在己，可胜在敌。故善战者，能为不可胜，不能使敌之可胜。故曰：胜可知，而不可为。

✿ 译文 ✿

孙先生说：历来善于指挥战争的人，总是先创造自己不可被战胜的条件，然后寻找敌人可以打败的机会。不可战胜，在于自己努力创造；可以战胜的机会却取决于敌人的失误。因此善于指挥战争的人，能够创造不被战胜的条件，却做不到使敌人一定能被战胜。所以说：胜局可以预测，但不能强求。

✿ 注释 ✿

[1] 先为不可胜，以待敌之可胜：不可胜，即先克服自己的弱点。待敌之可胜，即及时捕捉战机。

4-2　不可胜者，守也；可胜者，攻也。守则不足，攻则有余。善守者，藏于九地之下；善攻者，动于九天之上[1]。故能自保而全胜也。

✿ 译文 ✿

创造不可战胜的条件，是防守的根本；找敌人可以战胜的弱点，是进攻的战机。防守，进攻力量尚不足；进攻，兵力已充足有余。善于防守的人，隐蔽自己像藏到极深的地下；善于进攻的人，发动攻势像雷霆发自高空。所以能够保全自己又获得全歼敌人的胜利。

☆ 注释 ☆

[1] 九地、九天：指地下、高空。九，极言多。攻守形变，守要隐蔽莫测，攻则凌厉迅猛。

4-3 见胜不过众人之所知，非善之善者也。战胜而天下曰善，非善之善者也。故举秋毫^[1]不为多力，见日月不为明目，闻雷霆不为聪耳。

☆ 译文 ☆

预见胜利不过一般人的见识，不算最高明的；浴血打了胜仗受天下人称赞，也不是最了不起的。就像是举起一根毫毛，算不得大力气；看得见太阳与月亮，算不得很明亮的眼睛；听得见炸雷的响声，算不得很好的耳朵。

☆ 注释 ☆

[1] 秋毫：鸟兽秋天新长出的毫毛。比喻极细小。

古之所谓善战者，胜于易胜者也^[1]。故善战者之胜也，无智名，无勇功。故其战胜不忒^[2]。不忒者，其所措必胜，胜已败者也。故善战者，立于不败之地，而不失敌之败也。

🔹 译文 🔹

古时候说的善战，是取胜于有失败苗头、容易打败的敌人。所以善于打仗的人取得胜利，不显智慧的名声，也不见勇武的功绩。他们打胜仗就是不犯错误。不犯错误的人，作战部署在必胜的基础上，是战胜已经处于失败境地的敌人。所以善于打仗的人，确保自己立于不败之地，同时不放过敌人失败的一切机会。

🔹 注释 🔹

[1] 胜于易胜者也：抓敌人失败的苗头，如扼杀在摇篮里。用力最小，成效最大，而一般人不知，所以"无智名""无勇功"。

[2] 战胜不忒（tè）：打胜仗不犯错误。忒，差错。

是故胜兵先胜而后求战，败兵先战而后求胜。善用兵者，修道而保法[1]，故能为胜败之政[2]。

🔹 译文 🔹

所以，胜利的军队总是先创造战胜的条件，而后看机会开战。失败的军队却是先冒险求战，然后想侥幸取胜。善于指挥战争的人，总是修明政治，严守法纪，所以就有胜利的政治基础。

❖ 注释 ❖

[1] 修道而保法：修明政治，严守法纪。修，治理。道，道义，政治。

[2] 胜败之政：胜利的政治基础。胜败，偏义复词，取胜。政，政治。银雀山汉简作"胜败正"。正，通"政"。《论语·颜渊》："政者，正也。"

4-4 《兵法》[1]：一曰度[2]，二曰量[3]，三曰数，四曰称[4]，五曰胜。地生度，度生量，量生数，数生称，称生胜。故胜兵若以镒称铢[5]，败兵若以铢称镒。胜者之战民[6]也，若决积水于千仞[7]之溪者，形也。

❖ 译文 ❖

《兵法》预测实力五步法：第一度，第二量，第三数，第四称，第五胜。就是用"度"丈量土地面积，从国土面积可以推算出粮食物产的数量。从物产的"量"可以推算出人口的数。人口的"数"可以衡量能够动员多少兵力。双方兵力的对比"称"，就可以预测谁胜了。胜利的军队就像是以"镒"对比"铢"，占绝对优势。失败的军队就像是以"铢"对比"镒"，处于绝对劣势。胜利者动员民众去作战，就像溪涧千仞深的积水放出来，那气势就是进攻实力的形。

☼ 注释 ☼

[1]《兵法》：古代作战的书。已失传。

[2] 度：计算长短的工具，如尺。

[3] 量（liàng）：计算容积的工具，如斛、斗。

[4] 称（chèng）：计算重量的工具，秤。《商君书·算地》："度而取长，称而取重。"

[5] 以镒称铢：轻重对比悬殊。镒，古代以重二十四两为一镒。铢，古代以重二十四铢为一两。镒铢相差五百七十六倍。称，动词，衡量轻重，对比。

[6] 战民：使民战，动员民众作战。

[7] 仞（rèn）：古代以八尺为仞。据吴承洛《中国度量衡史》，周尺折合 19.91 厘米。千仞相当于 1600 米。千仞之溪，形容溪深水量大。

弓与箭

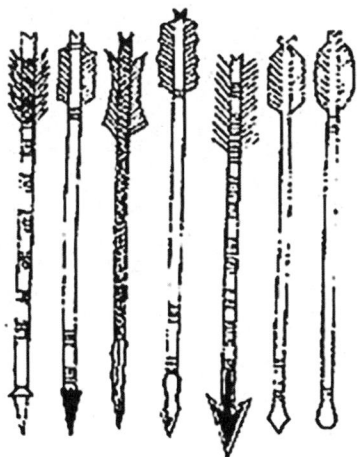

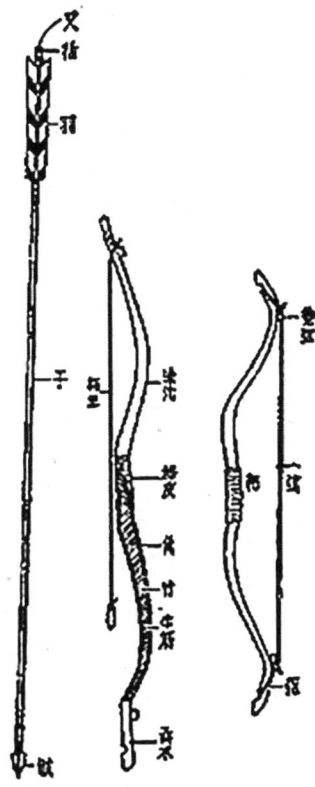

势篇第五
（奇正造势论）

⚜ **解题** ⚜

　　势，力运动表现出来的能量。"激水之疾，至于漂石者，势也。"本来平缓的水流，一旦受地形狭窄、倾斜等限制或外力的强烈冲击，速度、力度猛增，就能把石块漂动带走，这是运动增大能量的"势"。乘势而行，就有意想不到的克敌制胜的威力。逆势必遭失败。古代谚语说："虽有智慧，不如乘势。"（《孟子·公孙丑上》）

　　孙子说："凡战者，以正合，以奇胜。"军队正面阻挡敌人的同时，要出奇兵从侧后捣其弱点，出其不意，攻其不备，就形成有利的战势。"战势不过奇正，奇正之变，不可胜穷也。奇正相生，如环之无端，孰能穷之？"运用"奇正之变"，营造有利的战势，关键是"择人而任势"，求之以势，不责于人。战争指挥者，要主动设谋用势，在兵力使用、奇正相生和进攻节奏的把握上，做到"如转圆石于千仞之山"，居高而下，加速度扩大能量，产生无敌不摧的威力。

　　5-1　孙子曰：凡治众如治寡，分数[1]**是也。斗众如斗**

寡，形名[2]是也。三军之众，可使必[3]受敌而无败者，奇正[4]是也。兵之所加，如以碫[5]投卵[6]者，虚实是也。

✿ 译文 ✿

孙先生说：大概管理大部队如同管理小部队一样，就是靠分级编制。指挥大部队作战如同指挥小部队一样，就是靠旗鼓等指挥信号。全军人马遭到敌人全面的冲击而不溃败，就是运用奇正战术。大军指向如同石头撞击鸟蛋一样，就是实施以实击虚。

✿ 注释 ✿

[1] 分数：部队的分级编制。曹操注："部曲为分，什伍为数。"什、伍的编制，类似现代的军、师、团、营、连、排、班各有员额。

[2] 形名：指挥信号。曹操注："旌旗曰形，金鼓曰名。"古代指挥作战，击鼓进军，鸣金（敲锣）收兵。

[3] 必：通"毕"，全部。汉简本作"毕"。

[4] 奇正：战术名。奇，指机动部队，配合主力而运动，出奇制胜。

[5] 碫（duàn）：磨刀石。

[6] 卵：鸟蛋。

5-2　凡战者，以正合，以奇胜[1]。故善出奇者，无穷如天地，不竭如江河。终而复始，日月是也。死而复生，四时是也。声不过五，五声之变，不可胜听也。色不过五，五色之变，不可胜观也。味不过五，五味之变，不可胜尝也[2]。战势不过奇正，奇正之变，不可胜穷也。奇正相生[3]，如环之无端，孰能穷之？

✿ 译文 ✿

　　大概作战总是这样，以正兵当敌，出奇兵取胜。因此，高明的指挥官，出奇制胜的战术，就如天地运行无穷，江河长流不止。终而复始，如日月运行。死而复生，如四季更替。声音不过五个音阶，但五音的变化，能谱制听不尽的乐曲。颜色不过五种基本色，而五色的变化，能创作看不尽的图画。味道不过五样味素，但五味的变化，能烹制品尝不尽的美味。战争的态势，不过奇兵与正兵，但奇正的变化是没有穷尽的。奇正相互转化，就像是一个圆环没有尽头，谁能掌握它的全部奥秘呢？

✿ 注释 ✿

　　[1] 以正合，以奇胜：张预注："两军相临，先以正兵与之合战，徐发奇兵，或捣其旁，或击其后，以胜之。"合，会合，交战。

　　[2] 五声、五色、五味：据《左传·昭公二十五年》杜预注，五声指宫、商、角、徵（zhǐ）、羽，五色指青、黄、赤、白、黑，

五味指酸、咸、辛、苦、甘。

[3] 相生：相互作用。矛盾在一定条件下向对立面转化。

5-3 激水之疾，至于漂石者，势也。鸷^[1]鸟之疾，至于毁折^[2]者，节^[3]也。是故善战者，其势险，其节短。势如彍弩^[4]，节如发机。

译文

激流飞速流动，能够漂动石块，是水流威猛的态势。猛禽老鹰快速俯冲，能够折杀猎物，是瞄准而又短促的节奏。因此，善于指挥战争的人，营造的战势险峻逼人，进攻的节奏短促有力。战势就像强弩拉满了弓，节奏就像扳机扣发。

注释

[1] 鸷（zhì）鸟：鹰、雕一类猛禽。

[2] 毁折：折杀。

[3] 节：节奏。竹节有一定间距，引申为节拍、节奏。

[4] 彍（guō）弩：弩机拉满待发。彍，同"彉"。《说文解字》："彉，弩满也。"弩，一种具有强大射程的弓，利用机械力发射箭矢。

5-4 纷纷纭纭[1]，斗乱而不可乱也。浑浑沌沌[2]，形圆[3]而不可败也。

🔶 译文 🔶

人马交错，混乱拼杀，管控好队伍，不被打乱。恶战扬尘，日月无光，部署好圆阵，四面照应，不被打败。

🔶 注释 🔶

[1] 纷纷纭纭：纷乱的样子。形容双方人马旗帜交错，拼杀难解难分。

[2] 浑浑沌（dùn）沌：水势汹涌的样子。形容恶战气氛，尘雾迷蒙。

[3] 形圆：圆形战阵。阵，作战队伍的行列。古代车战，常布置攻守兵力做各种局势，如长蛇阵、八卦阵。史称"孙、吴兵法六十四阵"（《后汉书·礼仪志中》）。

5-5 乱生于治，怯生于勇，弱生于强[1]。治乱，数也。勇怯，势也。强弱，形也。

🔶 译文 🔶

乱可从治转化而来，怯可从勇转化而来，弱可从强转化而来。部队整治或是混乱，是组织管理问题。士兵勇敢或是怯懦，是战势问题。部队强大或是软弱，是兵力的表现形态问题。

注释

[1] 乱生于治，怯生于勇，弱生于强：矛盾相反相生，在一定条件下无不向对立面转化。《形篇第四》说："先为不可胜，以待敌之可胜。"克服自己的弱点，就由弱变强。乘势而动，怯懦的士兵也会勇敢起来。反之，就会畏惧不前。克服自己的弱点，或乘势而动，就是促使矛盾转化的必要条件。孙子早在两千七百多年前，观察军事活动，就悟出矛盾对立转化的哲理，他对人类发展辩证思维有巨大贡献。

故善动敌者，形之，敌必从之。予之，敌必取之。以利动之，以卒待之 [1]。

译文

所以善于调动敌人的指挥官，伪装一种假象，敌人被诱上钩。给他一点甜头，敌人一定来取。拿利益调动敌人，在运动中设奇兵对付它。

注释

[1] 以卒待之：出奇兵制服敌人。卒，诈。齐人语也。非指兵卒。清俞樾《诸子平议补录》卷三说："卒字疑诈字之误。《军争

篇》：'故兵以诈立，以利动。'亦以利与诈对言，是其证也。此言敌之未至，则以利诱之，使之从我；及其既至，又必出奇，乃能制胜也。僖三十三年《公羊传》：'诈战不日。'何休注曰：'诈，卒也，齐人语也。'是齐语诈、卒声相近。孙子本齐人，其言诈如卒，故误为卒耳。"

5-6　故善战者，求之以势，不责于人，故能择人而任势 [1]。任势者，其战人 [2] 也，如转木石。木石之性，安则静，危则动；方则止，圆则行。故善战人之势，如转圆石于千仞之山者，势也。

✿ 译文 ✿

因此善于指挥作战的人，总是力求营造有利的战势，而不苛求官兵硬拼。因而能够选好人才，运用战势。利用战势指挥人们作战，就像转动木头石块那样。木石的本性，平坦处静止，倾斜就摇动；方块体静止，圆球形滚动。所以高明的指挥官运用战势，就像从千仞高山上滚动圆石，居高临下加速度，就是势啊。

✿ 注释 ✿

[1] 择人而任势：选择人才，运用战势。任，用。《尚书·咸有一德》："任官惟贤才。"

[2] 战人：使人战，指挥作战。

弩

借助机械力发射的强弓

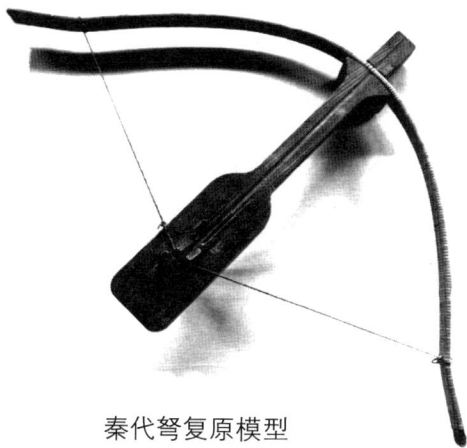

秦代弩复原模型

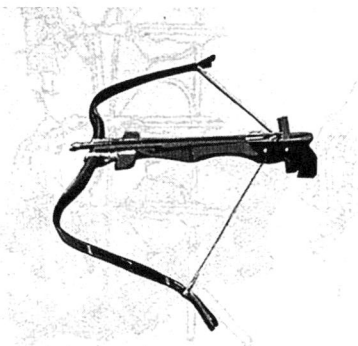

汉代木漆弩复原模型 三国魏正始二年（241 年）造铜弩机

虚实篇第六
（避实击虚论）

⌘ 解题 ⌘

孙子说："夫兵形象水，水之形，避高而趋下；兵之形，避实而击虚……兵无常势，水无常形，能因敌变化而取胜者，谓之神。"避实击虚，就如水的避高趋下，是客观规律，因而成为克敌制胜的法宝。无论兵力、布局、战备、社会环境等都有"虚""实"两端。怎样避开敌之"实"（调动或化解敌之"实"为"虚"）？我则集中兵力（化"虚"为"实"），突击其"虚"，就取得制胜的主动权。唐太宗李世民说："朕观诸兵书，无出孙武。孙武十三篇，无出虚实。夫用兵识虚实之势，则无不胜焉。"（见《武经·李卫公问对》卷中）

6-1 孙子曰：凡先处战地而待敌者佚[1]，后处战地而趋战[2]者劳。故善战者，致人而不致于人[3]。能使敌自至者，利之也。能使敌不得至者，害之也。故敌佚能劳之，饱能饥之，安能动之。

☙ 译文 ❧

孙先生说：大概是抢先到达战场，部署好了等待敌人的部队，安逸主动；随后赶到战场，仓促应战的部队，疲惫被动。所以善于打仗的指挥官，要调动敌人却不被敌人所调动。能够吸引敌人自动来上钩，是用利益引诱他。要使敌人不敢前来，就用危害来阻止他。所以敌人安逸休整时，要让他奔走疲劳；敌人粮草充足时，就断其粮道叫他挨饿；敌人扎营固守时，要调动他出战。

☙ 注释 ❧

[1] 佚：同"逸"，休整好待战。

[2] 趋（cù）战：仓促应战。趋，通"促"。

[3] 致人而不致于人：致人，调动敌人。致，招引。李靖与唐太宗讨论兵法说："千章万句，不出乎致人而不致于人而已。"（见《武经·李卫公问对》卷中）

6-2 出其所不趋[1]，趋其所不意。行千里而不劳者，行于无人之地也。攻而必取者，攻其所不守也。守而必固者，守其所不攻也。故善攻者，敌不知其所守。善守者，敌不知其所攻。微乎微乎，至于无形；神乎神乎，至于无声，故能为敌之司命。

✿ 译文 ✿

出兵攻击敌人无法驰救的虚处，奔袭敌人意想不到的盲点。行军千里，人马不至劳顿，是走敌人没有防备的地区。进攻一定得手，是攻击敌人没有严密防守的地区。防守一定能牢固，是守住敌人不敢攻、无法攻的要塞。所以善于进攻的，敌人不知在哪里防守。善于防守的，敌人不知如何进攻。微妙呀，微妙呀！攻守做到不露形迹。神奇呀，神奇呀！行动甚至没有声响。所以能够主宰敌人的命运。

✿ 注释 ✿

[1] 出其所不趋：汉简本作"出于其所必□"，上下文不协调，不从。十家注原本、武经本作"不趋"，即攻击敌人无法驰救的虚处。

6-3 **进而不可御者，冲其虚也。退而不可追者，速而不可及也。故我欲战，敌虽高垒深沟，不得不与我战者，攻其所必救也。我不欲战，画地而守之，敌不得与我战者，乖其所之[1]也。**

✿ 译文 ✿

我进军使敌人无法抵御，是冲击它的空虚处。我撤退敌人无法追击，是行动迅速叫他赶不上。所以我要决战，敌人即使高垒深沟固守，也不得不出来应战，因为我击中敌人必须救援的地方。我军不想决战，即使是画地而守不筑工事，敌人也不得与我交战，是我迷惑敌人调动他到相反的方向去了。

✿ 注释 ✿

[1] 乖其所之：调动敌人到相反的方向去。乖，违背。之，往，到。

6-4　故形人而我无形，则我专而敌分[1]。我专为一，敌分为十，是以十共[2]其一也，则我众而敌寡。能以众击寡者，则我之所与战者，约[3]矣。

✿ 译文 ✿

因此要让敌人暴露作战行迹而我自己不暴露，那么我军集中，而敌人不得不分散来防御。我军集中为一，敌人分散为十，我就可以十倍敌人的兵力攻打他的一部分。这样就造成我众敌寡的态势。做到集中优势兵力去攻打少数敌人，那么能与我军当面作战的敌人就少了。

✿ 注释 ✿

[1] 形人而我无形，则我专而敌分：形人，使人显形。就是

通过侦察、宣传，暴露敌方兵力、意图等内幕。我方则守密不暴露，那么敌方猜疑，必然分兵把守，就造成我专敌分、以实击虚的态势。

[2] 共：共同。一说通"攻"。

[3] 约：少。

6-5　吾所与战之地不可知，不可知，则敌所备者多，敌所备者多，则吾所与战者，寡矣。故备前则后寡，备后则前寡，备左则右寡，备右则左寡，无所不备则无所不寡。寡者，备人者也；众者，使人备己者也[1]。

✿ 译文 ✿

我要进攻的地点，使敌方无法知道。无法知道，那么敌人就要多处防备。敌人多处防备，那么与我接战的兵力就少了。注意防备前面，后面的兵力就少了。防备左路，右路就薄弱了。防备右路，左路就削弱了。处处防备，那处处都薄弱。兵力变弱少，是因为分兵去防备对方。兵力变强大，是因为调动敌人分兵来防备我了。

✿ 注释 ✿

[1] 寡者，备人者也；众者，使人备己者也：调动敌人分兵，改变战斗力强弱的态势。寡，少。备人，分兵把口防备对方。能

够调动敌人分兵来防备我。就是掌握主动权，"致人而不致于人"。

故知战之地，知战之日，则可千里而会战；不知战之地，不知战之日，则左不能救右，右不能救左，前不能救后，后不能救前，而况远者数十里，近者数里乎！

✥ 译文 ✥

所以知道作战的地点，知道作战的时间，就是跋涉千里，也可以主动前去交战。如果不知道交战的地点，不知道交战的时间，被动挨打，左翼救不了右翼，右翼不能救援左翼，前军救不了后军，后军不能救前军。更何况远在数十里，近的也有数里地的后备部队呢！

6-6　以吾度[1]之，越[2]人之兵虽多，亦奚益[3]于胜败哉？故曰：胜可为也。敌虽众，可使无斗。

✥ 译文 ✥

按我的估计，越国的兵员尽管多，但能对战争胜败起什么作用呢？所以说：胜利是可以努力争取的。敌人即使众多，也可以让他没有战斗力。

✿ 注释 ✿

[1] 度（duó）：推测，估计。

[2] 越：春秋时越国，建都会稽（今浙江省绍兴市）。疆域占有今浙江、江西、安徽部分地区。与吴国近邻，而长期对立。孙子与吴王论兵法，拿越军作为假想敌。

[3] 奚（xī）益：何益。有什么作用。奚，何。

6-7 故策 [1] 之而知得失之计，作 [2] 之而知动静之理，形之 [3] 而知死生之地，角 [4] 之而知有余不足之处。

✿ 译文 ✿

所以要谋划分析，判断敌人部署得失情况；动作侦察，掌握敌人活动的规律；揭露其伪装，弄清作战的死地和活地；小部队实战较量，弄清敌人兵力有余和不足的处所。

✿ 注释 ✿

[1] 策：竹简，简策。引申为谋划。

[2] 作：动作试探。火力侦察。

[3] 形之：使之显形，揭露伪装。

[4] 角：角斗。实战较量。

6-8　故形兵[1]之极，至于无形。无形，则深间不能窥[2]，智者不能谋。因形而错胜于众，众不能知[3]。人皆知我所以胜之形，而莫知吾所以制胜之形。故其战胜不复，而应形于无穷。

✿ 译文 ✿

所以使用兵力要极尽变化，最佳达到不露迹象。没有迹象，那么暗藏内部的间谍刺探不到底细，高明的敌人也想不出对策了。借助形变的办法打胜仗，摆在大家面前，众人却莫名其妙。人们都看到我们取胜的表现，却不知道我们为什么要这样打的奥秘。所以每次打胜仗不是重复老办法，而是要适应敌情不断求变化。

✿ 注释 ✿

[1] 形兵：部队的变形，如伪装、佯动等，迷惑敌人。

[2] 窥：偷看。

[3] 因形而错胜于众，众不能知：借助作战形变打胜仗，摆在大家面前，众人莫名其妙。错，通"措"，措置，处理。

6-9　夫兵形象水，水之形，避高而趋下[1]；兵之形，避实而击虚。水因地而制流，兵因敌而制胜。故兵无常势，水无常形，能因敌变化而取胜者，谓之神。故五行无常胜[2]，四时无常位，日有短长，月有死生。

✤ 译文 ✤

战势好比流水，水的形态，避开高处流向低处；作战的势态，是避实去击虚。水因地形不同而改变它的流向，作战要根据敌情采取不同的取胜方法。所以用兵没有一成不变的势态，就像水没有固定的形态。能够根据敌情变化打胜仗的，就被叫作用兵如神。本来五行（水、火、木、金、土）相生相克，没有哪一个永远独胜；四季（春、夏、秋、冬）更迭，没有哪一个永久在位。白日有时短，有时长；月亮有时缺，有时圆。

✤ 注释 ✤

[1] 水之形，避高而趋下：水避高趋下是客观规律，比喻用兵要避实击虚，同样是不能违背的客观规律。

[2] 五行无常胜：五行没有独胜的。《书经·洪范》："五行：一曰水，二曰火，三曰木，四曰金，五曰土。"古人认为这五种元素构成了世界各种物质。五行相互作用，叫相生相克。如水可灭火，火可燃木，木（燃烧）熔金，金掘土，土淹水。不是哪个永远独胜。《墨子·经下》："五行毋常胜，说在宜。"五行相互作用，是在"宜"即适合的条件下发生相生相克的，并非固定不变，没有独胜的。

商代铜胄

西周铜胄

甲胄
铠甲与头盔

曾侯乙墓出土的武士甲胄

秦始皇陵陪葬坑出土的军士俑

军争篇第七
（军争主动论）

✿ 解题 ✿

军争，进军争利。必须争取作战的主动权。主动权即军队行动的自由权。行动自由是军队的命脉。一旦失去自由，陷入被动地位，就接近于被打败。

如何争取作战的主动权呢？孙子认为必须改变思想方法，要有辩证思维，不能老想着一路打如意算盘。

"先知迂直之计者胜。此军争之法也。""以迂为直，以患为利。故迂其途，而诱之以利，后人发，先人至。"必要时走弯路迂回，是以利益引诱，调动敌人，出其不意，攻其不备，后发反而先至，占领战略要地。

实际上"军争为利，军争为危"。利益与危险并存。没有政治、外交、经济相配合，军争"百里而争利，则擒三将军"。

"三军可夺气，将军可夺心。"运用迂直之计，"避其锐气，击其惰归，此治气者也。以治待乱，以静待哗，此治心者也。以近待远，以佚待劳，以饱待饥，此治力者也。无邀正正之旗，勿击堂堂之阵，此治变者也"。

7-1　孙子曰：凡用兵之法，将受命于君，合军聚众，交和而舍 [1]，莫难于军争。军争之难者，以迂为直，以患为利 [2]。故迂其途，而诱之以利，后人发，先人至，此知迂直之计者也。

✿ 译文 ✿

孙先生说：大概用兵的法则，将帅接受了国君的作战命令，开始动员征兵，组织队伍，开赴前线和敌人对垒。其间最困难的事没有超过争取主动制胜的了。争胜的难处，是要把弯路变成捷径，把祸害转为利益。必要时故意迂回一下，利用小利引诱，调动敌人走弯路。我军后出发，反而抢先占据战略要地，这就是懂得运用迂直之计呀。

✿ 注释 ✿

[1] 交和而舍：与敌军对垒驻扎。交，交接，对阵。和，和门，军营大门。舍，驻扎一夜。《左传·庄公三年》："凡师一宿为舍。"

[2] 以迂为直，以患为利：把迂回变成捷径，使祸害转为有利。迂回可出敌不意，乘虚而入。迂回可麻痹敌人，攻其不备。

7-2　故军争为利，军争为危。举军 [1] 而争利，则不及。委军而争利，则辎重捐 [2]。是故卷甲而趋 [3]，日夜不处，倍道兼行^[4]，百里而争利，则擒三将军^[5]，劲者先，疲者后，其法十一而至。五十里而争利，则蹶上将军^[6]，其法半至。三十里而争利，则三分之二至。是故军无辎重则亡，无粮食则亡，无委积^[7]则亡。

❀ 译文 ❀

进军是争夺利益，同时存在着危险。如果全军带着辎重去争利，行动赶不上要丧失战机。如果轻装急进，就要丢失辎重粮草。因此卷起铠甲急进，日夜不停，加倍速度，如果赶到一百里外去争利，那么三军将领可能被俘虏。强壮的战士先到，疲弱的还掉在后头，通常只有十分之一的兵力赶到投入战斗。如果急行五十里去争利，前军的将领可能被杀，通常只有一半的兵力赶得到。如果急行三十里去争利，也只有三分之二的兵力赶得到。所以，军队没有辎重就要败亡，没有粮食供给就要败亡，没有军需储备就要败亡。

❀ 注释 ❀

[1] 举军：全军人马带齐辎重装备。

[2] 委军而争利，则辎（zī）重捐：轻装急进争利，就要放弃辎重。委，抛弃。辎重，军用器械、粮草、服装等的总称。捐，放弃。

[3] 卷甲而趋：脱下铠甲，轻装急进。甲，铠甲，保护身体的

铁片（或藤甲）战衣。趋，快走。

[4] 倍道兼行：加倍速度，日夜赶路。

[5] 擒三将军：三军将帅被俘虏，即全军覆没。周制，大国三军，叫前、中、后军，或上、中、下军。

[6] 蹶（jué）上将军：先头部队失败。蹶，跌倒，被杀。上将军，上军（前军）的主将。

[7] 委积：储备的军用物资。

7-3 故不知诸侯之谋者，不能豫交[1]。不知山林、险阻、沮泽之形者，不能行军。不用乡导[2]者，不能得地利。

✿ 译文 ✿

所以，不了解列国诸侯的战略动向，不能与他结盟。不熟悉山林、险要、湖泊水网等地理特点，不能冒险行军。不使用当地的向导，不能利用地形的优势。

✿ 注释 ✿

[1] 豫交：外交。豫，通"与"。

[2] 乡导：向导，带路人。乡，同"向"，又写作"嚮"。

［本段与下文《九地篇第十一》（11-7）三句雷同。］

7-4　故兵以诈立^[1]，以利动，以分合为变^[2]者也。故其疾如风，其徐如林^[3]，侵掠^[4]如火，不动如山，难知如阴，动如雷霆。掠乡^[5]分众，廓地^[6]分利，悬权而动^[7]。先知迂直之计者胜，此军争之法也。

✿ 译文 ✿

本来作战是以诡诈奇变取胜。根据利益决定行动，以分兵或集中力量作为奇正变化的战术。所以进军快速要像狂风，缓行从容如林木有序，掠夺像烈火燎原，防御如山岳稳固，隐形莫测像阴云蔽日，冲锋发动就如疾雷闪电。至于扫荡乡野，分其人口，扩张领土，占其资源，更要权衡利害而后行动。只有首先懂得迂直变化谋略的人才可能得胜，这是两军争利的法则。

✿ 注释 ✿

[1] 兵以诈立：战争是以诡诈奇变取胜。诈，诡诈，以奇变误敌。立，成立，成功。

[2] 以分合为变：以分兵或集中力量作为奇正变化的战术。

[3] 其徐如林：行进队列整齐。徐，缓行。如林，如林木排列有序。

[4] 侵掠：越境掠夺。

[5] 掠乡：抢掠乡村。

[6] 廓地：扩张领土。廓，扩大。

[7] 悬权而动：权衡利弊而后行动。权，秤锤。悬权，在秤上量轻重。

7-5 《军政》[1]曰："言不相闻，故为金鼓[2]。视不相见，故为旌旗。"夫金鼓旌旗者，所以一人之耳目也。人既专一，则勇者不得独进，怯者不得独退，此用众之法也。故夜战多火鼓，昼战多旌旗，所以变人之耳目也。

译文

古代兵书《军政》说："因为相互听不到说话，所以设置锣鼓传声。相互看不见动作，所以用旌旗来指挥。"那锣鼓、旌旗，都是用来统一战士耳目的。战士们听指挥，统一行动。勇猛的战士不会单独前进，怯懦的战士也不得单独后退。这就是指挥大众作战的方法。所以夜间作战多用火把、击鼓，白天作战多用旗帜，这是为了适应人的视听变化呀。

注释

[1]《军政》：古代兵书，已失传。

[2] 金鼓：锣鼓。古代军中通信联络工具。击鼓进军，鸣金收兵。金，金属的钲，俗称锣。

7-6 故三军可夺气[1]，将军可夺心[2]。是故朝气锐，昼气惰，暮气归[3]。故善用兵者，避其锐气，击其惰归，此治气者也。以治待乱，以静待哗，此治心[4]者也。以近待远，以佚待劳，以饱待饥，此治力者也。无邀正正[5]之旗，勿击堂堂[6]之阵，此治变者也。

✿ 译文 ✿

三军的勇气，可以被夺走；将军的决心，可以被搅乱。士气在早晨开始时最勇猛，中午松懈，晚上衰竭。所以善于指挥作战的人，就避开敌人的锐气，等待他们松懈、衰竭时出击，这是掌握士气的办法呀。以自己队伍的严整约束等待敌人出现混乱，以沉着冷静对付敌人的鼓噪，这是控制心理的办法呀。以就近休整，等待远来疲劳的敌人，以自己饱食对付饥饿的敌人，这是掌握战斗力的办法呀。不要拦击旗帜整齐的部队，不要攻击阵容强大的敌人，这是处理敌情应变的办法呀。

✿ 注释 ✿

[1] 夺气：勇气丧失。夺，抢夺，强行改变。

[2] 夺心：意志动摇。将帅决策被误导。

[3] 朝气锐，昼气惰，暮气归：士气随时间变化。锐，锐利，勇猛。惰，懒，懈怠。归，息，竭尽。曹刿论战："夫战，勇气也。一鼓作气，再而衰，三而竭。彼竭我盈，故克之。"（《左

传·庄公十年》)

[4] 治心：控制心理情绪。治，治理。

[5] 正正：严整的样子。旗帜整齐的军队有备，不易溃败。

[6] 堂堂：强大的样子。

7-7 故用兵之法，高陵勿向[1]，背丘勿逆[2]，佯北勿从，锐卒勿攻，饵兵勿食，归师勿遏，围师遗阙[3]，穷寇勿追[4]，此用兵之法也。

✿ 译文 ✿

所以用兵规则八不要：敌人占据高地不要向上仰攻，有山险依托的不要正面进击，假装败退的不要尾随追击，锐气旺盛的不能硬打，设为诱饵的不要上钩，正在撤退回国的不去拦截，包围敌人留个缺口不要堵死，陷入绝境的敌人不要死逼，这些都是用兵的法则。

✿ 注释 ✿

[1] 高陵勿向：敌人占据高地，要防备高山坠石，不要向上仰攻。陵，大土山。

[2] 背丘勿逆：有险阻依托的敌人，正面打不利，要把它引到平地来打。逆，迎，迎击。

[3] 围师遗阙：包围敌人时留个缺口，可以瓦解困敌死守。本

句通行本作"围师必阙"，而汉简本作"遗阙"，留个缺口，不是一定要留缺口。看情况，较胜。

[4] 穷寇勿迫：陷入绝境的敌人不要死逼。急则死战求生，缓之可能瓦解投降。

戈 戟

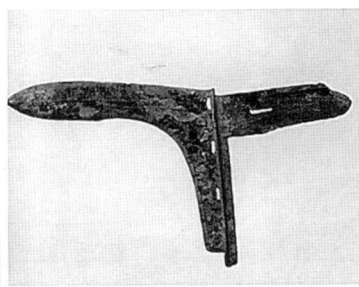

战国郑令戈

戟

戈与矛的结合，兼具直刺、勾、横扫等功能

戈

横刃平头长柄的进攻武器

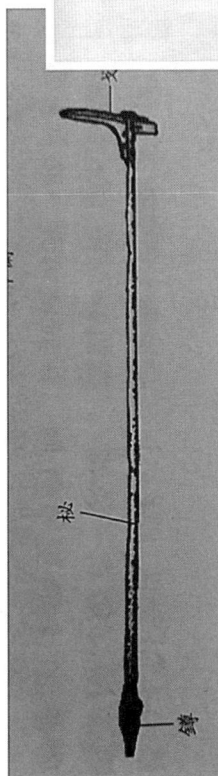

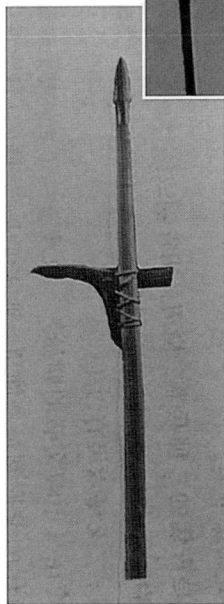

九变篇第八
（机动应变论）

❧ **解题** ❧

　　九变，多变，机动灵活。王晳注："九者，数之极，用兵之法，当极其变化耳。"两军对抗，战场情况万变。将帅头脑"必杂于利害"。也就是说，必须见利思害，遇害思利，临事适变，趋利避害。根据不同条件，机动灵活，该战不该战，随敌制宜。"塗有所不由，军有所不击，城有所不攻，地有所不争，君命有所不受。"将军要通晓这些机变之利，才算懂得怎样用兵。不能指望敌人"不来""不攻"，而要立足于我"有备""不可攻"。特别指出，将帅素质上的缺陷，如偏执、急躁、片面，不能全面辩证地看问题，就不能机动灵活取得作战的主动权，而有覆军杀将的危险。

　　8-1　孙子曰：凡用兵之法，将受命于君，合军聚众，泛地 [1] 无舍，衢地交合 [2]，绝地无留，围地则谋，死地则战。

❧ **译文** ❧

　　孙先生说：大概作战的法则，将帅领了国君出征的命令，动员群众，组成军队出发。遇到水网湿地不要扎营，道路四通的衢地要结交邻国，无水草难于生存的绝地不要停留，陷入险阻的围地要设谋脱离，进退无路的死地，只有速战突围。

注释

[1] 汜地：泛滥低洼地带。通行本作"圮地"，今从汉简本。

[2] 衢地交合：道路四通的衢地，要结交邻国，争取多助。衢，四通八达的大路。

8-2 塗有所不由^[1]，军有所不击，城有所不攻，地有所不争^[2]，君命有所不受^[3]。

译文

有的近道不要走，有的敌军不要攻击，有的城堡不宜攻取，有的地方不要争夺，君主的命令有时不能接受。

注释

[1] 塗：同"途"，道路。由：经过。为了不暴露自己或预防敌人伏击，近便的路反而不走。

[2] 地有所不争：无用、难守、不便作战之地，不要争夺。

[3] 君命有所不受：国君不一定了解战场情况，乱干预不能盲从。吴宫演练兵法，孙武处斩吴王爱姬，不听他讲情，理由是：

"将在军，君命有所不受。"

8-3 故将通于九变之利者，知用兵矣。将不通于九变之利者，虽知地形，不能得地之利矣。治兵不知九变之术，虽知五利[1]，不能得人之用矣。

✤ 译文 ✤

所以，将军通晓上述各种灵活机变战术应用的，就是懂得用兵打仗了。将军不知道机变战术的应用，就是熟悉地形，也不能获得地利。统管军队如不懂运用机变战术，即使明白"塗有所不由"等五利，也不能充分发挥军队的战斗力量。

✤ 注释 ✤

[1] 五利：五种变通的好处，即上述"塗有所不由，军有所不击，城有所不攻，地有所不争，君命有所不受"。

8-4 是故智者之虑，必杂于利害[1]。杂于利，而务可信[2]也。杂于害，而患可解也。

✤ 译文 ✤

所以，明智的将帅考虑问题，一定兼顾利与害两方面。在不利的情况下看到有利的因素，就有信心达到战斗目标。有利时看到存在危险，就可以及早消除祸患。

注释

[1] 杂于利害：顾及利与害两个方面。杂，掺杂，引申为"兼顾"。于，表示方面、处所的介词。

[2] 信（shēn）：通"伸"，伸展，达到。

8-5 是故屈[1]诸侯者以害，役诸侯者以业[2]，趋[3]诸侯者以利。故用兵之法，无恃[4]其不来，恃吾有以待也。无恃其不攻，恃吾有所不可攻也。

译文

所以，要使诸侯站不起来，就用坏事害他；要使诸侯听命，就用各种事情烦劳他；要调动诸侯奔走，就用小利引诱他。作战的原则是，不能指望敌人不来，而要依靠自己做好准备。不要指望敌人不进攻，而要依靠我有攻不破的条件。

注释

[1] 屈：弯曲。站不直。

[2] 役：役使，使唤，听命。业：事业。杜佑曰："能以事劳役诸侯之人，令不得安佚。"

[3] 趋：快走。张预注："动之以小利，使之必趋。""屈诸侯……""役诸侯……""趋诸侯……"三句，均言"致人"，即调动敌人而取得作战主动权。

[4] 恃：依靠，指望于。

8-6　故将有五危：必死[1]，可杀也。必生，可虏也。忿速[2]，可侮也。廉洁，可辱也。爱民，可烦也[3]。凡此五者，将之过也，用兵之灾也。覆军杀将，必以五危，不可不察也。

✿ 译文 ✿

将帅素质上有"五危"的致命弱点：固执死拼，可能被诱杀。贪生怕死，可能被俘虏。急躁易怒，可能被侮辱而中计。夸耀廉洁名声，可能被污名而上当。爱惜民众小利益，可能被利用烦劳不宁。以上这"五危"是将帅的过错，可带来用兵的灾难。造成全军覆没、将领被杀的大败，一定是由于"五危"而起的，不能不认真研究警惕呀。

✿ 注释 ✿

[1] 必死：死拼，勇而无谋。必，固执，不会变通。

[2] 忿（fèn）速：急躁易怒。忿，愤怒。

[3] 爱民，可烦也：舍不得民众利益，可能被利用去保护小

利，而损害大局。爱，吝惜，舍不得。烦，烦劳。杜牧注："言仁人爱人者，唯恐杀伤，不能舍短从长，弃彼取此，不度远近，不量事力，凡为我攻，则必来救。如此，可以烦之，令其劳顿，而后取之也。"

剑

匕首

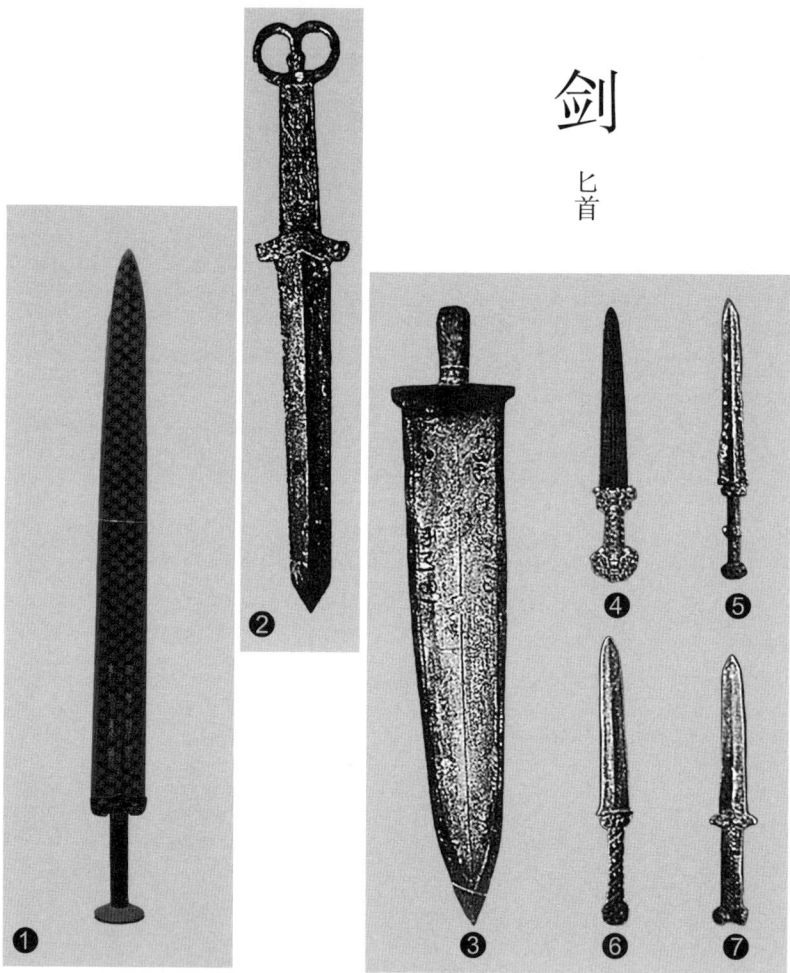

图①为春秋越王勾践剑，图②为春秋双环蛇首短剑，图③为战国青铜
匕首，图④为秦国金柄铁剑，图⑤为春秋扁球首短剑，图⑥为春秋羊
目纹短剑，图⑦为春秋兽首短剑

行军篇第九
（处军相敌论）

✿ 解题 ✿

行军，指执行战斗任务时灵活应变的军事活动。包括"处军""相敌""附众"三大战术问题，不仅仅是队伍行进。

指挥员在不同地形，对于如何灵活"处军"，如何侦察"相敌"，就所见各种征象，如何判断敌情，以及如何恩威并施、令出必行、争取人心等"附众"的大问题，总的处理原则，曹操说："择便利而行也。"分别说就是：一、根据山、河、沼泽、平原四种不同地形条件，选择有利条件，安全便利地行军和扎营；二、机警侦察三十八种情况，正确判断敌情应变；三、宽严相济，以"令之以文，齐之以武"相结合，组织军队教育，争取人心。以令出必行，说到做到，建立军队内部的诚信关系。

9-1 孙子曰：凡处军[1]、相敌[2]：绝山依谷[3]。视生处高[4]，战隆[5]无登，此处山之军也。

✿ 译文 ✿

孙先生说：大概军队行进、驻扎、侦察敌情要遵守以下原则。

穿越山岳，靠近溪谷水草行进。选择视野开阔的向阳高处宿营，危险高地不要上去。这是山地处军的原则。

🔆 注释 🔆

[1] 处军：行军、扎营、迎战等处置办法。

[2] 相（xiàng）敌：侦察、判断敌情。

[3] 绝山依谷：穿越山岳，靠近溪谷。绝，断，横穿。

[4] 视生处高：察看富有生气的朝阳高地扎营。

[5] 战隆：危险高地。战，通"颤"，恐惧。杨雄《法言·吾子》："羊质虎皮，见草而说，见豺而战。"隆，高。

绝水必远水。客绝水而来，勿迎之于水内[1]**，令半济**[2]**而击之，利。欲战者，无附于水而迎客**[3]**。视生处高，无迎水流**[4]**，此处水上之军也。**

🔆 译文 🔆

横渡江河，必须远离河流驻扎。敌人渡河，不要在水边迎击，等他渡过一半人马再打击，大有利。想与他决战，不要靠近水流列阵迎战。驻扎向阳高处，不能面对水流居于下游。这是江河地带处军原则。

✿ 注释 ✿

[1] 水内：水边。内，同"汭"，河流弯曲处，水滨。王晳注："内当作汭。迎于水汭，则敌不敢济。"

[2] 济：渡河。

[3] 无附于水而迎客：不要挨近河水迎击敌人。附，靠近。客，来敌。

[4] 无迎水流：不要驻扎在河的下游。迎，向着。迎水，逆水，即处于下游。防备对方决水淹没或投毒暗害。

绝斥泽[1]**，惟亟去无留。若交军于斥泽之中，必依水草而背众树，此处斥泽之军也。**

✿ 译文 ✿

通过盐碱沼泽地域，赶快离开，不要停留。如在这里与敌发生遭遇战，必须靠近水草，依托树林。这是盐碱沼泽处军的原则。

✿ 注释 ✿

[1] 斥泽：盐碱沼泽地。斥，盐卤，盐碱地。

平陆处易，而右背高[1]**，前死后生**[2]**，此处平陆之军也。凡此四军之利，黄帝**[3]**之所以胜四帝**[4]**也。**

☯ 译文 ☯

平原要靠边驻扎，侧翼有所依托，形成前低后高势态。这是平原处军的原则。大概这四种选择地利处军的好处，正是古代黄帝能够战胜其他部落四帝的缘故。

☯ 注释 ☯

[1] 平陆处易，而右背高：平原要靠边驻扎，侧翼有所依托，形成前低后高势态。易，通"埸（yì）"，边界。右，右边，侧翼。

[2] 前死后生：前低后高。《淮南子·地形训》："高者为生，下者为死。"

[3] 黄帝：轩辕氏，相传为中华民族始祖。杀蚩尤，败炎帝，逐荤粥（xūn yù），统一黄河流域。

[4] 四帝：四方的部落首领。汉简《孙子》佚文称，黄帝南伐赤帝，东伐□帝，北伐黑帝，西伐白帝。

9-2 　凡军好高而恶下 [1]，贵阳而贱阴，养生而处实 [2]，军无百疾，是谓必胜。丘陵堤防，必处其阳，而右背之。此兵之利，地之助也。

☯ 译文 ☯

大概驻军总是喜欢高爽，厌弃低湿洼地，看重向阳明亮，不要背阴黑暗。选择有水草养生、粮道方便的实地驻军。军中百病不生，这是取胜的保证。在丘陵堤坝地带，必须占据朝阳一面，并把侧翼依托着它做后盾。这些对用兵有利的措施，都是合理利用地形做辅助的。

☺ 注释 ☺

[1] 好（hào）高而恶（wù）下：驻军喜欢高爽，厌弃低湿洼地。

[2] 养生而处实：选择有水草养生、粮道方便的实地。

9-3　上雨，水沫至，欲涉者，待其定也。

☺ 译文 ☺

上游下雨，河中出现泡沫。想要蹚水过河，要等待洪峰过去水流平静之后。

凡地有绝涧[1]、天井[2]、天牢[3]、天罗[4]、天陷[5]、天隙[6]，必亟去之，勿近也。吾远之，敌近之。吾迎之，敌背之[7]。

✤ 译文 ✤

但凡行军路上遇到险境，有绝涧、天井、天牢、天罗、天陷、天隙等险恶地形，必须赶快离开，不要靠近。我军远离了，敌人追来就会接近它；我军正面迎上这些险恶地形，敌人反倒离开它。

✤ 注释 ✤

[1] 绝涧：两岸陡峭的山涧。曹操注："山深水大者为绝涧。"

[2] 天井：四周高、中央低的洼地。曹操注："四方高，中央下为天井。"

[3] 天牢：山险环绕、易进难出的地形。张预注："山险环绕，所入者隘，为天牢。"

[4] 天罗：荆棘丛生，如罗网陷人之地。

[5] 天陷：泥泞陷阱。

[6] 天隙：两山之间，狭窄难行且多沟坑的谷地。

[7] 背之：离开它。

9-4　军行有险阻、潢井[1]、葭苇、山林、翳荟[2]者，必谨复索之，此伏奸之所处也。

✤ 译文 ✤

行军路上，遇到险隘小路、积水洼地、芦苇丛、山林、草木茂密隐蔽的地方，一定要小心反复搜查，这是敌人伏兵藏匿奸细的处所。

注释

[1] 潢井：低洼地。

[2] 翳荟（yì huì）：草木茂盛遮蔽。

9-5　敌近而静者，恃其险也。远而挑战者，欲人之进也。其所居易者，利也。

译文

敌人逼近却安静不动，是有险要可以依靠。距离很远，却来挑战，是想引诱我军轻进。他不据险阻而驻扎平地，一定是因为有利可图。

众树动者，来也。众草多障者，疑也。鸟起者，伏也。兽骇者，覆也[1]。尘高而锐者，车来也。卑而广者，徒来也。散而条达[2]者，樵采也。少而往来者，营军也。

译文

众树摇动，那是敌人来偷袭了。草丛中出现许多障碍，是敌人设疑兵。飞鸟惊起，下面有伏兵。野兽被吓跑，敌兵大举掩杀来了。尘土高扬直上，敌人战车驰来了。尘土低而宽广，敌人步兵来了。尘土散开成条列状，是敌人在砍柴火。尘土少，时起时落，是敌人在安营扎寨。

注释

[1] 兽骇者，覆也：野兽被吓跑，是敌兵大举掩杀来了。覆，翻，掩杀。

[2] 散而条达：散开成条列状。

9-6 辞卑而益备者，进也。辞强而进驱者，退也。轻车先出居其侧者，陈[1]也。无约而请和[2]者，谋也。奔走而陈兵者，期也。半进半退者，诱也。

译文

来使言语谦逊却加强战备，是要进攻。来使言语强硬，又装出前进样子，是想撤兵。轻车先出列于侧翼，是在掩护布置战阵。不是因困难来求和，定有诈谋。奔忙部署阵势，是期待交战。敌兵半进半退，是伪装诱骗。

注释

[1] 陈：同"阵"，作动词，部署战阵。

[2] 无约而请和：不是因困难来求和，定有诈谋。约，束缚，困难。《说文解字》："约，缠束也。"

9-7　杖而立者，饥也。汲而先饮者，渴也。见利而不进者，劳也。鸟集者，虚也。夜呼者，恐也。军扰者，将不重也。旌旗动者，乱也。吏怒者，倦也。

🏵 **译文** 🏵

敌兵倚靠着军杖站立，是饥饿了。前去打水自己先喝起来，是渴极了。见有利战机却不来争夺，是疲惫了。鸟雀盘聚上空，是军营虚空了。夜间惊叫，是士兵恐慌了。军中骚扰，是将帅没有威信了。旗帜乱动，是阵营乱了。军官烦躁发怒，是官兵厌倦了。

粟马肉食，军无悬甀[1]，不返其舍者，穷寇也。谆谆翕翕[2]，徐言入入[3]者，失众也。数[4]赏者，窘也。数罚者，困也。先暴而后畏其众者，不情之至[5]也。来委谢者[6]，欲休息也。兵怒而相迎，久而不合，又不相去，必谨察之。

🏵 **译文** 🏵

军中杀马食肉，是没有粮食了。挂起炊具，不归营舍，是要

拼命的穷寇。扎堆私议，吞吞吐吐，是将领不得人心了。过多行
赏，是窘迫没办法了。多次处罚，是约束困难了。凶暴待人又害
怕大家反叛，不近人情到极点了。来使送礼道歉，是想停战休息
了。敌人逞怒而来，却久不交战，又不撤兵，一定要仔细侦察它
的企图。

注释

[1] 悬瓿（fǒu）：挂起炊具。瓿，同"缶"，煮饭的陶锅。

[2] 谆谆（zhūn）翕翕（xī）：扎堆私议。李筌注："谆谆翕翕，
窃语貌。"扬雄《方言》："谆，憎所疾也。宋、鲁凡相恶谓之谆
憎。若秦、晋言可恶矣。""翕，聚也。"

[3] 徐言入入：吞吞吐吐。有顾虑，说话含混。《说文解字》：
"入，内也。"谐音"讷"。"讷，言难也。迟钝也。"

[4] 数（shuò）：屡次。数赏、数罚，过多的不恰当的赏罚。

[5] 不情之至：不近人情到极点了。通行本作"不精"，误。
《通典》《御览》引均作"不情"。

[6] 来委谢者：来使送礼道歉。委，委质，送礼。

9-8　兵非贵益多也，惟无武进[1]，足以并力、料敌、
取人[2]而已。夫惟无虑而易敌者，必擒于人。

🏵 译文 🏵

军队不是人数愈多愈好，只要不恃勇冒进，能够集中力量、判明敌情、深得部下拥戴就可以了。那种没有深谋远虑，又盲目轻敌的人，一定会被敌人俘虏。

🏵 注释 🏵

[1] 武进：恃勇冒进。

[2] 取人：得人心，取得部下的信任和拥戴。

9-9 卒[1]未亲附而罚之，则不服，不服则难用也。卒已亲附而罚不行，则不可用也。故令之以文，齐之以武，是谓必取[2]。令素行以教其民，则民服。令不素行以教其民，则民不服。令素信著者，与众相得也[3]。

🏵 译文 🏵

士卒没有亲附之前就施加处罚，他们内心不服，不服就难以使用。士卒已经亲附了，如不执行军纪处罚，那也不可使用。所以，用温和的政治思想教育引导，配合以强制的军纪约束，这叫作恩威兼济，一定得人心。向来令出必行，教育民众，他们就信服。政令不是向来必行，教育民众，民众也就不服从。令出必行一向做得出色的将领，与部属群众的关系融洽。

☆ 注释 ☆

[1] 卒：步兵。而兵是武器，泛指军队。士是甲士，战车上带甲的战士。

[2] 令之以文，齐之以武，是谓必取：温和的政治思想教育，配合以强制的军纪约束，恩威并济得人心。令，号令，教导。齐，作动词，使整齐，行动一致。必取，一定得人心。取，夺得。

[3] 令素信著者，与众相得也：令出必行一向做得出色的将领，与部属群众的关系融洽。素，平素，一向。相得，相称，融洽。张预注："上以信使民，民以信服上，是上下相得也。"本句十家注本孙星衍校："原本作'素行者'，按注意则故书当为'信著者'。从《通典》《御览》改正。"信著，诚信工作显著，做得出色。

汉砖上的战车图，一车、四马、三甲士

地形篇第十
（地形胜败论）

✿ 解题 ✿

地形，地理形势。古代的陆军作战尤其是车战，孙子认为决定胜败，地形起到一半的作用。但地形不是孤立的客观条件，在双方交战时，同一地形，可以变利为害，变害为利。运作智谋可能使地形产生完全不同的作用。孙子论地形，是就它与天时、敌情、军心、将才等在战争中的交互作用而言的。他强调的是运用地形以求胜。

本篇首先论述"六形"，即六种不同地形如何用兵的原则，总结了古代实战的经验。接着论述"六败"，即指挥错误造成兵败的六种情况，也带有实战经验的意义。"夫地形者，兵之助也。料敌制胜，计险阨远近，上将之道也。知此而用战者，必胜。不知此而用战者，必败。"

特别指出，将军受命于国君，能不能根据战地情况来执行命令，考验将军的忠贞和素质："进不求名，退不避罪，惟人是保，而利合于主。"还要爱兵如子，善于用间，"知彼知己，胜乃不殆。知地知天，胜乃可全"。

10-1　孙子曰：地形有通者[1]**，有挂者**[2]**，有支者**[3]**，有隘者**[4]**，有险者，有远者。**

🔹 译文 🔹

孙先生说：影响战争的地理形势有"通""挂""支""隘""险""远"六种。

🔹 注释 🔹

[1] 通者：道路通畅的平陆地区。

[2] 挂者：复杂山地，迷路多，出不来。挂，牵挂，如网勾住。

[3] 支者：狭路。支，支撑。如一线支撑两端。

[4] 隘者：高山之间峡谷，险要像瓶口。

我可以往，彼可以来，曰通。通形者，先居高阳，利粮道，以战则利。

🔹 译文 🔹

我军可以前去，敌人可以过来的地形，叫"通"。在通形地域作战，抢先占领向阳开阔的制高点，可保粮道畅通，作战就有利。

可以往，难以返，曰挂。挂形者，敌无备，出则胜之。敌若有备，出则不胜，难以返，不利。

🔯 **译文** 🔯

可以前去，难以返回的地形，叫"挂"。在挂形地域，如果敌人没有防备，可以突击战胜。如果敌人有了防备，出击不能取胜，退回困难，作战不利。

我出而不利，彼出而不利，曰支。支形者，敌虽利我，我无出也。引而去之，令敌半出而击之，利。

🔯 **译文** 🔯

我方出击不利，敌人出击也不利的地形，叫"支"。在支形地域，敌人即使给我好处，我也不要出击。应该率部队离开。引诱敌人出来一半时，回师反击，这样打有利。

隘形者，我先居之，必盈之以待敌[1]。若敌先居之，盈而勿从，不盈而从之。

🔯 **译文** 🔯

在隘形地域，我军抢先占领，必须全面封锁隘口，严阵待敌。

如果被敌人抢先占领，封锁了隘口，就不要前去攻击。敌人如没有全面封锁隘口，就可以出击。

✿ 注释 ✿

[1] 盈之以待敌：封锁隘口，防止敌人攻关。盈，充满，全面。

险形[1]者，我先居之，必居高阳以待敌。若敌先居之，引而去之，勿从也。

✿ 译文 ✿

在险形地域，我军抢先占领了，必须控制向阳高地，严阵以待敌。如果被敌人抢先占领，那就率军离开，不要跟从。

✿ 注释 ✿

[1] 险形：险阨地区。易遭水淹、火攻的地区。

远形[1]者，势均，难于挑战，战而不利。凡此六者，地之道[2]也。将之至任，不可不察也。

☯ 译文 ☯

距离敌营很远，双方所占优势相同，不能接近挑战。勉强远去求战，敌人以逸待劳，对我军不利。以上六种情况，是根据地形特点用兵的法则。将帅对此负有最大责任，不能不深入研究。

☯ 注释 ☯

[1] 远形：远阔地区。远道前去挑战则敌逸我劳，不能取胜。

[2] 地之道：运用地形作战的法则。

10-2 故兵有走^[1]者，有弛^[2]者，有陷者，有崩者，有乱者，有北者。凡此六者，非天之灾，将之过也。

☯ 译文 ☯

军队失败有"走""弛""陷""崩""乱""北"等情况。所有这六种失败，不是由于自然灾害，而是将帅过错造成的。

☯ 注释 ☯

[1] 走：跑。

[2] 弛（chí）：放松弓弦。松懈。

夫势均，以一击十，曰走。卒强吏弱，曰弛。吏强卒弱，曰陷。大吏怒而不服，遇敌怼而自战^[1]，将不知其能^[2]，曰崩。

✿ 译文 ✿

双方兵力均等，却分兵御敌，变成以一击十，这种失败叫"跑"。士卒强悍，而军官懦弱，领导不力，这种失败叫"弛"。军官勇猛冲锋，而士卒没有战斗力，这种失败叫"陷"。裨将愤激，不听指挥，遇敌凭感情擅自出战，主将不了解他的缺陷，不能控制，这种失败叫"崩"。

✿ 注释 ✿

[1] 怼（duì）而自战：凭感情擅自出战。怼，怨恨。

[2] 将不知其能：主将不了解大吏能力缺陷，不能控制。大吏，裨将。

将弱不严，教导不明，吏卒无常，陈兵纵横^[1]，曰乱。将不能料敌，以少合众^[2]，以弱击强，兵无选锋^[3]，曰北^[4]。凡此六者，败之道也。将之至任，不可不察也。

✿ 译文 ✿

将帅无能，纪律不严，教导不明，官兵不守规矩，阵列不整，这种失败叫"乱"。主将不能预判敌情，用少量兵力抵挡大部队，以弱击强，又不晓得选精锐担任前锋，这种失败叫"北"。所有这六种情况，是用兵必败的规律。将帅对此负有最大责任，不能不细心研究。

✿ 注释 ✿

[1] 陈兵纵横：布阵混乱。陈，同"阵"。纵横，竖横交错，混乱。

[2] 以少合众：用少量兵力与大部队交战。合，合战。

[3] 选锋：精锐前锋。春秋时期军事家很重视精选敢死队作为前锋。前锋失败，全军夺气。

[4] 北：背，败逃。北字如两人相背。兵败往后跑，叫败北。

10-3 夫地形者，兵之助也。料敌制胜，计险阨远近，上将之道也。知此而用战者，必胜。不知此而用战者，必败。

✿ 译文 ✿

利用地形是作战取胜的辅助条件。正确判断敌情来制定方略，测算地形的险阨，以及道路的远近来用兵，是主将的职责。懂得这个道理，指挥作战，一定胜利。不懂得这个道理，指挥作战，一定失败。

故战道^[1]必胜，主曰无战，必战可也。战道不胜，主曰必战，无战可也。故进不求名，退不避罪，惟人是保，而利合于主，国之宝也。

译文

因此，预测战争的态势发展必胜，如国君下令不战，将帅坚持作战是对的。预测战争态势发展不能胜，国君命令一定要战，将帅不战也是可以的。所以，进击不是谋求战胜的名声，退军不回避违命的罪责，只求保全民众，符合国家的根本利益，这样的将领是国家的宝贝。

注释

[1] 战道：推测战争发展态势。道，路，规律。

10-4　视卒如婴儿，故可与之赴深溪^[1]。视卒如爱子，故可与之俱死。厚而不能使，爱而不能令，乱而不能治，譬如骄子^[2]，不可用也。

译文

看待战士如同呵护幼儿，战士可以一起跳深溪冒险共患难。看待战士如同自己的爱子，战士就能够一起杀敌同生死。要是厚待他们反而不听使唤，溺爱他们却不服从命令，违法乱纪又不能严加处治，这好比是惯坏骄子，是不堪任用的。

🔲 注释 🔲

[1] 赴深溪：跳河冒险，比喻敢于冲锋陷阵。

[2] 骄子：骄惯放纵的孩子。

10-5 知吾卒之可以击，而不知敌之不可击，胜之半也。知敌之可击，而不知吾卒之不可以击，胜之半也。知敌之可击，知吾卒之可以击，而不知地形之不可以战，胜之半也。故知兵者，动而不迷，举而不穷[1]。故曰：知彼知己，胜乃不殆。知地知天，胜乃可全[2]。

🔲 译文 🔲

知道我们的战士能够进攻，却不知道敌军不可能被打垮，取胜的可能只有一半。知道敌军可以被打垮，但不知道我们的战士不能够打赢，取胜的可能只有一半。知道敌军可以被打垮，也知道我们的战士能够打赢，却不知道地形不利于作战，取胜的可能也只有一半。所以懂得用兵的人，行动果断不会迷乱，措施变化无尽。所以说：知道对方虚实，认识自己弱点，打胜仗就不会有问题。加上掌握天时、地利，胜利才可获得全功。

✿ 注释 ✿

[1] 动而不迷，举而不穷：行动果断不乱，措施变化无尽。

[2] 知地知天，胜乃可全：知彼知己，打胜仗还要加上掌握天时地利，胜利才可获得全功。本句原本作"知天知地，胜乃不穷"，据《通典》改正。"全"与"天"为韵。李筌注："人事、天时、地利三者同知则百战百胜。"

水军斗舰

九地篇第十一
（战地心理论）

🔖 解题 🔖

　　九地，各种作战境地。九，泛称多。篇中时而列出九种，时而十种，时而六种，都不是实数。本篇论述在不同战地，要因地制宜，采取相应的战术。同样是地，上篇《地形篇第十》讲的是战场的客观地理，如险易、广狭、远近等，需用不同战术。本篇讲的是军队进入敌境之后，所遇地形与战士心理变化，即人地合一的新问题。也就是说，要研究战地心理学。孙子特别重视战争胜败与人员心理因素的密切关系，即"兵之情，围则御，不得已则斗，过则从"，"兵士甚陷则不惧，无所往则固。深入则拘，不得已则斗"，"投之亡地然后存，陷之死地然后生。夫众陷于害，然后能为胜败"等，当是实战经验的总结。然而，他强调作战机密时又暴露"若驱群羊……莫知所之"等"愚兵"思想。

　　孙子主张心理战，尽量利用敌人的心理，"乘人之不及，由不虞之道，攻其所不戒也"，"敌人开阖，必亟入之。先其所爱，微与之期。践墨随敌，以决战事"等，具有对抗哲学的普遍意义。

　　11-1　孙子曰：用兵之法，有散地，有轻地，有争地，

有交地，有衢地，有重地，有氾地^[1]，有围地，有死地。

✿ 译文 ✿

孙先生说：作战的法则，环境影响心理的战地，可分为散地、轻地、争地、交地、衢地、重地、氾地、围地、死地九种。

✿ 注释 ✿

[1] 氾地：通行本作"圮（yí）地"，汉简作"泛"，通"氾"。氾地，大水泛滥区域。而"圮"，桥。当是形近而误。

诸侯自战其地，为散地^[1]。入人之地而不深者，为轻地。我得则利，彼得亦利者，为争地。我可以往，彼可以来者，为交地。诸侯之地三属^[2]，先至而得天下之众者，为衢地。

✿ 译文 ✿

诸侯在本土交战，士卒易逃散的，是散地。进入敌国不深，可以轻易退回的，是轻地。我军得到有利，敌军得到也有利的，是争地。我军可以前去，敌军可以进来的，是交地。多国交界，抢先占领可结交邻国取得众人支持的，是衢地。

☙ 注释 ☙

[1] 自战其地，为散地：曹操注："士卒恋土，道近易散。"

[2] 诸侯之地三属（zhǔ）：多国交界地区。属，连接。

入人之地深，背城邑多者，为重地。[1] 山林、险阻、沮泽，凡难行之道者，为氾地。所由入者隘，所从归者迂，彼寡可以击吾之众者，为围地。疾战 [2] 则存，不疾战则亡者，为死地。

☙ 译文 ☙

深入敌人国境，背离城市很远，补给、返回两难的，是重地。山林、险阻、沼泽水网，所有道路难走的，是氾地。进入路窄，退出又迂回，敌人少量兵力可以打击我大部队的，是围地。拼命速战，可以求生，不速战就要灭亡的，是死地。

☙ 注释 ☙

[1] 入人之地深，背城邑多者，为重地：深入敌国，背离城市很远，补给或返回两难的，是重地。背，背对着，背离。

[2] 疾战：速战。疾，快，急速。

是故散地则无战，轻地则无止，争地则无攻，交地则无绝，衢地则合交，重地则掠，氾地则行，围地则谋，死地则战。

✿ 译文 ✿

因此，在散地不要轻易交战，在轻地不要停留，在争地不要强攻敌占区，在交地不要失去前后联络，在衢地要多结交邻国，在重地要掠取粮草补充给养，在氾地要迅速通过，在围地要设谋脱险，在死地只有拼命速战。

11-2　所谓古之善用兵者，能使敌人前后不相及，众寡不相恃，贵贱 [1] 不相救，上下不相收 [2]，卒离而不集，兵合而不齐。

✿ 译文 ✿

据说从前善于指挥作战的人，就能够使敌人的部队前后不相策应，主力与支队不能相互依靠，官兵不能相互救援，上级统属不了下级，步兵溃散集不拢，军队集合不能齐心协力作战。

✿ 注释 ✿

[1] 贵贱：指官与兵。春秋时代贵族任军官，士兵是奴隶。

[2] 上下不相收：上级统属不了下级，建制被打乱。收，收拢，聚集。原本作"上下不相扶"，据武经本改。

合于利而动，不合于利而止。敢问：敌众整而将来，待之若何？曰：先夺其所爱，则听矣。

🏵 译文 🏵

战势对我有利，就立即行动。形势不利，立即停止。请问：敌人大部队，阵势严整地向我进攻，应该怎样对付？回答说：首先夺取敌人珍爱的要害处，它就会听从我的调度了。

兵之情主速[1]，乘人之不及，由不虞之道，攻其所不戒也。

🏵 译文 🏵

战争的情理最讲究速度，要乘敌人措手不及的时机，从敌人预料不到的途径，攻击敌人没有戒备的地方。

🏵 注释 🏵

[1] 兵之情主速：战争的情理最讲究速度。兵贵神速。主，主要，根本。

11-3　凡为客[1]之道，深入则专，主人不克[2]；掠于饶野，三军足食；谨养而勿劳，并气积力；运兵计谋，为不可测。投之无所往，死且不北，死焉不得士人尽力[3]？兵士[4]甚陷则不惧，无所往则固。

✿ 译文 ✿

大概到别国境内作战的法则，深入敌国腹地，士卒一心一意作战，对方不能胜我。到丰饶的原野掠夺粮食，全军的给养可保充足。注意休整，不使部队疲劳，鼓舞士气，积蓄战斗力。部署兵力，计算谋划，造成敌人无法揣测的态势。必要时把队伍置于无路可退的境地，官兵只有死战，不能败逃，怎会不尽力？可见，全军官兵深陷危险境地，心理反而不畏惧，无路可走军心反而稳固。

✿ 注释 ✿

[1] 客：客军，进入别国作战的军队。

[2] 克：战胜。

[3] 死焉不得士人尽力：在死地官兵怎会不尽力？焉，疑问代词。宋郑友贤《孙子遗说》："诸家断为二句者，非武之本义也。"连为一句，上下文意通顺。

[4] 兵士：全军官兵。

深入则拘[1]，不得已则斗。是故其兵不修而戒，不求而得，不约而亲，不令而信[2]。禁祥去疑[3]，至死无所之。

☯ 译文 ☯

深入敌国，官兵受环境约束，不敢离散，不得已只有拼命战斗。所以，军队不用整顿就注意戒备，不提要求能主动效力，不等约束会亲密互助，不必申令就遵守纪律。禁止占卜等妖祥迷信活动，以消除官兵疑惑，他们到死都不会跑到别处去。

☯ 注释 ☯

[1] 深入则拘：深入敌国，官兵受环境约束，不敢离散。拘，束缚，约束。

[2] 不修而戒，不求而得，不约而亲，不令而信：指敌国战争环境对军队心理产生积极影响。怕遭到敌国群众的激烈反抗，会主动加强戒备，主动效力，搞好团结，遵守纪律。"王者之师，约法三章，秋毫无犯"等佳话，都是环境心理问题。

[3] 禁祥去疑：禁止妖祥迷信活动，消除官兵疑惑。祥，凶吉的预兆。如占卜、算命。《汉书·五行志》："妖孽自外来者谓之祥。"

　　吾士无余财，非恶货也；无余命，非恶寿也。令发之日，士卒坐者涕沾襟，卧者涕交颐。投之无所往者，诸刿[1]之勇也。

🔆 译文 🔆

我军官兵不留钱财，不是厌恶财货；不顾性命，不是不要寿命。作战命令下达的时候，官兵们很激动，坐着的泪湿衣襟，躺着的满面涕痕。军队一旦到了无路可退的境地，就会出现专诸、曹刿那样的勇士。

🔆 注释 🔆

[1] 诸刿（guì）：古代勇士名字。一说指专诸、曹刿两人。公元前515年，吴公子光（即吴王阖庐）谋夺王位，伍子胥推荐勇士专诸行刺。专诸暗藏匕首于鱼腹中，进献烧鱼到吴王僚面前，趁他闻味，立即刺死。专诸被卫队杀死，公子光乘机除乱，夺取王位。当年孙武献《孙子十三篇》给吴王阖庐，怎敢当面触其隐私？甚不合理。或是后人增益。银雀山汉简本，"以上智为间"举例，竟有战国时代的苏秦，同样是后人篡改。刿，曹刿，即曹沫，春秋时鲁国勇士。公元前681年齐鲁会盟于柯（今山东省东阿县），曹刿当场劫持齐桓公，逼他签约，归还侵占的鲁国土地。（二事见《史记·刺客列传》）

11-4 故善用兵者，譬如率然[1]。率然者，常山之蛇[2]也。击其首则尾至，击其尾则首至，击其中则首尾俱至。敢问：兵可使如率然乎？曰：可。夫吴人与越人相恶也，当其同舟而济，遇风，其相救也，如左右手。

译文

所以，善于用兵的人，指挥的军队好比"率然"。"率然"是北岳恒山的一种蛇。打击它的头部，尾巴就来反击。打击它的尾巴，头部就来反击。打击它的中腹，首尾都会来救应。请问："军队作战可以让它像'率然'那样吗？"回答："可以。"例如，吴国人与越国人本来是互相记仇的，但当他们同船渡河，突然遇到大风时，配合救助就像一个人的左右手那样。

注释

[1] 率然：《神异经·西荒经》："西方山中有蛇，头尾差大，有色五彩。人、物触之者，中头则尾至，中尾则头至，中腰则头尾并至。名曰率然。"

[2] 常山之蛇：常山，即北岳恒山，在今河北省曲阳县西北、山西省浑源县南。因避西汉文帝刘恒名讳改称"常山"。北周以后再改回来。银雀山汉简本作"恒山"。可见此处"常山"也是后人窜改。

是故，方马埋轮^[1]，未足恃也。齐勇若一，政之道也。刚柔皆得，地之理也。故善用兵者，携手若使一人，不得已也。

☩ 译文 ☩

所以，栓马匹、埋车轮，来稳固战阵是靠不住的。要使战士齐心英勇杀敌，得靠管理教育得法。要使刚强、柔弱的战士都能发挥作用，就要合理利用战地形势。所以善于用兵的人，指挥全军上下，如同携手一个人，叫他不能不服从命令。

☩ 注释 ☩

[1] 方马埋轮：构筑工事。古代车战，以马匹并联、车轮埋地，构筑防线，以防备冲击。方，并。《说文解字》："方，并船也。"

11-5 将军 [1] 之事，静以幽 [2]，正以治。能愚士卒之耳目，使之无知。易其事，革其谋，使人无识。易其居，迂其途，使人不得虑。

☩ 译文 ☩

统帅军队的任务，要镇静而且幽深莫测，公正严明，管理得法。能够蒙住士兵的耳目，使他们对作战计划懵懂无知。常常更改做的事，变化用的计谋，使人无法看破机密。不时改换驻地，故意迂回走路，使人摸不着我军的意图。

⊕ 注释 ⊕

[1] 将（jiàng）军：率军，指挥军队作战。

[2] 静以幽：镇静而且幽深莫测。以，而。

帅与之期，如登高而去其梯。帅与之深入诸侯之地，而发其机，焚舟破釜[1]。若驱群羊，驱而往，驱而来，莫知所之。聚三军之众，投之于险，此谓将军之事也。

⊕ 译文 ⊕

主将命令部下执行任务，就像叫人登高却撤去梯子，不留退路。率领大家深入别的诸侯国土，就像弩机发箭，一往无前。焚烧渡船，摔破饭锅，决一死战。指挥部队像赶一群羊，赶过去又赶过来，没有人知道到底往哪里去。聚集起全军官兵，投放到危险境地拼命求胜。这就叫统帅军队的本事。

⊕ 注释 ⊕

[1] 焚舟破釜：即破釜沉舟。摔破饭锅，凿沉舟船，表示决一死战。见《史记·项羽本纪》。银雀山汉简本无此句。当是后人增益。

11-6 九地之变，屈伸之利，人情之理，不可不察也。

✿ 译文 ✿

各种战地如何随机应变，攻守进退的利害，官兵在战地的心理状态，这些不能不认真研究考察。

凡为客之道，深则专，浅则散。去国越境而师者，绝地也；四达者，衢地也；入深者，重地也；入浅者，轻地也；背固前隘者，围地也；无所往者，死地也。

✿ 译文 ✿

大概进入别国作战的法则，进入敌境越深，军心越专一；入境浅近，军心易涣散。离开本土越境作战，叫绝地；四通八达的地方，叫衢地；进入敌境纵深腹地，叫重地；进入敌境浅近地区，叫轻地；背有险阻又面对隘路，叫围地；无路可走的，叫死地。

是故散地，吾将一其志；轻地，吾将使之属；争地，吾将趋其后；交地，吾将谨其守；衢地，吾将固其结；重地，吾将继其食；氾地，吾将进其途；围地，吾将塞其阙 [1]；死地，吾将示之以不活。

✿ 译文 ✿

因此，在散地，我将统一官兵的思想；在轻地，我要保持队伍前后连续；在争地，我将迅速包抄敌人的背后；在交地，我要谨慎防备敌人进攻；在衢地，我将巩固与诸侯国的结盟；在重地，我要保证军粮的供应；在氾地，我军要迅速通过；陷入围地，我就堵塞逃生的豁口；到了死地，我就向大家表示殊死奋战的决心。

注释

[1] 塞其阙：我自塞逃生豁口，激励官兵，合力抵抗，然后伺机突围。阙，豁口。这是反用"围师必阙"的策略。

故兵之情，围则御，不得已则斗，过则从[1]。

译文

因此，作战部队的心理状态，陷入包围圈就合力抵抗，形势迫不得已会拼命战斗，处于危险绝境反而听从指挥。

注释

[1] 过则从：处于危险绝境反而听从指挥。曹操注："陷之甚过，则从计也。"甚过，指险境。

11-7 是故不知诸侯之谋者，不能预交；不知山林、险阻、沮泽之形者，不能行军；不用乡导者，不能得地利。[1]

☯ 译文 ☯

所以，不了解诸侯的战略动向，不能与他结盟；不熟悉山林、险阻、沼泽等地理特点，不能冒险行军；不用当地向导，不能利用地形的优势。

☯ 注释 ☯

[1] 按：这三句与《军争篇第七》（7-3）雷同。疑是错简。一说，有意重复，强调此三事重要。

四五者，不知一，非霸王之兵也。夫霸王[1]之兵，伐[2]大国，则其众不得聚；威加于敌，则其交不得合。是故不争天下之交，不养天下之权[3]，信己之私[4]，威加于敌，故其城可拔[5]，其国可隳[6]。施无法之赏，悬无政之令，犯[7]三军之众，若使一人。犯之以事，勿告以言；犯之以利，勿告以害[8]。

☯ 译文 ☯

以上四五事，有一项不明了，就不是霸王的军队。霸王的军队，讨伐大国，能叫他来不及动员众多兵力；威势压倒敌人，他们的盟友不敢策应。所以，不必与其他诸侯争先结盟，不用在各地培植权变势力，只要宣扬自己尊王伐罪的主张，兵威所向，就可以夺取他们的城池，打破敌人的国都。然后施行超格的奖赏，颁布非常的政令，激励全军官兵奋勇作战，就如同使唤一个人。给他任务激励，不用解释；用奖赏激励战斗，不说危险。

✿ 注释 ✿

[1] 霸王：春秋五霸，诸侯之长。本称"伯"（爵位：公、侯、伯、子、男），后假借"霸"字（本义是阴历月初的月牙）。东周王室衰落，诸侯争霸，出现以"尊王攘夷"为名，其实把持王室政教的诸侯联盟领袖。如齐桓公、晋文公、秦穆公等。挟天子以令诸侯，武力征伐不听命的国家。这一定程度上维持了秩序，保护中原地区不受异族侵略，缓和诸侯之间的无序战争，避免了中国走向分裂。

[2] 伐：讨伐，声讨有罪。

[3] 不养天下之权：不在各地培植自己争权的势力。

[4] 信（shēn）己之私：宣扬自己尊王伐罪的主张。信，同"伸"，表白。

[5] 拔：拉出，夺取。

[6] 隳（huī）：毁坏。

[7] 犯：触动。《玉篇》："犯，抵触也。"引申为激励等。重奖必有勇夫，就是激发人们求胜的欲望。曹操注："犯，用也。言明赏罚，虽用众若使一人也。"

[8] 犯之以利，勿告以害：用奖赏激励勇敢战斗，不说危险。

投之亡地然后存，陷之死地然后生。夫众陷于害，然后能为胜败。故为兵之事，在于顺详敌之意^[1]，并敌一向^[2]，千里杀将，此谓巧能成事者也。

✤ 译文 ✤

军队投放到危亡境地，然后能生存；官兵陷于死地，反而奋战求生。大家都落在危险绝境，才会团结奋力争取胜利。所以，指挥作战的巧妙，就在于假装顺敌之意佯动，实际集中兵力攻其要害一处，甚至奔袭千里，斩杀敌将。这叫作智巧能成就大事啊！

✤ 注释 ✤

[1] 顺详敌之意：顺敌之欲而佯动。详，一本作"佯"。（见刘寅《孙武子直解》）曹操注："佯，愚也。"顺佯，即装傻，顺敌贪欲而佯动，以骄其志，然后伺其懈怠进击之。

[2] 并敌一向：并力攻击敌方要害一处。曹操注："并兵向敌。"

11-8 是故政举^[1]之日，夷关折符^[2]，无通其使；厉于廊庙之上^[3]，以诛其事^[4]。敌人开阖^[5]，必亟入之。先其所爱，微与之期。践墨随敌^[6]，以决战事。是故始为处女，敌人开户，后如脱兔，敌不及拒。

✿ 译文 ✿

所以，一旦战事爆发，就要封锁关口，废除通行凭证，禁止外国使者往来。高层会议秘密讨论，研究敲定作战计划。发现敌方市场门开，必须迅速乘虚而入。抢先夺他最珍爱的要害处，不要事先约期宣战。计划践行要随敌情变化，看形势决定作战行动。所以起初是少女般娴静温柔，麻痹敌人放松门户，然后像逃脱的兔子，飞速进攻，使敌人来不及抗拒。

✿ 注释 ✿

[1] 政举：战事爆发。政，通"征"，征战。举，举动。

[2] 夷关折符：闭关不准通行。夷，铲平。符，符节，凭证。

[3] 厉于廊庙之上：高层会议反复研究。厉，同"砺"，磨炼，研究。廊庙，庙堂，御前会议。

[4] 诛：责问，研究推敲。诛其事，即研究敲定作战计划。

[5] 开阖：开门。银雀山汉简本作"开阓（huì）"。《说文解字》："阓，市外门。"战争期间，市场门偶尔打开，可乘机而入。

[6] 践墨随敌：执行计划随敌情变化。墨，木匠墨线，引申为制作的蓝图，计划。

虎符

古代调兵凭证。虎形剖作两片。一存朝廷，一给将军。两片吻合就生效。虎符是军权的象征

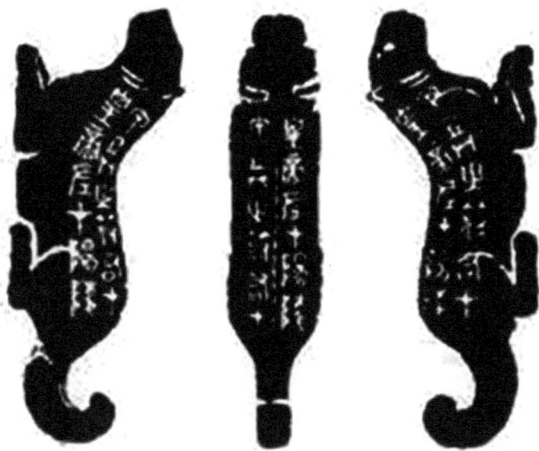

火攻篇第十二
（特殊战术论）

✿ 解题 ✿

　　火攻，放火佐攻。古代，在火药发明以前，冷兵器作战，加上人工放火的战术配合，就可以扩大杀伤力，助长军威，实现速战速决的目标。孙子从实战中提出火人（烧人员）、火积（烧粮草）、火辎（烧军需车辆）、火库（烧仓库）、火队（烧通道）等五种火攻战术。

　　"战火"一词见于周代文献，表明火攻由来已久。据《春秋》所载，公元前705年，鲁桓公伐邾国，焚其邑咸丘（今山东省济宁市境内）。《公羊传》《谷梁传》均说是"始以火攻也"。据《左传》所载，公元前594年，秦军入晋国河东地区，焚烧近河的箕、郜二邑。公元前505年，伍子胥率吴军破楚国郢都，报仇鞭楚平王尸，楚人请来秦国救兵，焚吴军于麇（jūn）（今湖北省十堰市郧阳区西）。孙子初受吴王重用，经历了这次战争，对火攻的巨大威力感受深刻，所以兵法单列为一篇。他可谓慧眼预见了后来大规模的火攻战（例如三国的赤壁之战、夷陵之战）。但是，孙子又反对滥用火攻，所以篇后警告说："主不可以怒而兴师，将不可以愠而致战。合于利而动，不合于利而止。怒可以复喜，愠可以复悦，亡国不可以复存，死者不可以复生。"

这一段，有人疑为错简，主张把它归入《谋攻篇》。其实它与全书开篇"兵者，国之大事，死生之地，存亡之道，不可不察也"相呼应，正好突出地体现孙子"论战而反战"的主张，值得重视。

12-1 孙子曰：凡火攻[1]有五：一曰火人，二曰火积[2]，三曰火辎，四曰火库，五曰火队[3]。行火必有因[4]，烟火必素具。发火有时，起火有日。时者，天之燥也。日者，月在箕、壁、翼、轸[5]也。凡此四宿者，风起之日也。

✿ 译文 ✿

孙先生说：放火攻击有五种：一是火烧人马，二是火烧粮草，三是火烧辎重车辆，四是火烧仓库，五是火烧后勤通道。实施火攻要借助一定条件，放火的火石、麻秆等工具必须平时准备好。放火要看天时，起火要选有风的日辰。天时就是气候干燥。日辰就是月亮行至箕、壁、翼、轸四座星宿的位置。大概这四个星区就是刮风的日子。

✿ 注释 ✿

[1] 火攻：放火焚烧，击败敌人。

[2] 火积：火烧粮草。积，积蓄，指粮草。

[3] 火队：火烧后勤通道。队，通"隧"，通道。

[4] 行火必有因：实施火攻必须借助一定条件。如天气、风向、内应等。因，凭借，依靠。

[5] 箕、壁、翼、轸：星宿名。古天文学以恒星为坐标，选择黄道上的二十八个星区，称二十八宿，来观测日月运行和季节变化。箕在东方，壁在北方，翼、轸在南方。月亮经过这四个星区就多风，利于火攻。

12-2 凡火攻，必因五火之变而应之。火发于内，则早应之以外。火发而其兵静者，待而勿攻。极其火力，可从而从之，不可从而止。火可发于外，无待于内，以时发之。火发上风，无攻下风[1]。昼风久，夜风止[2]。凡军必知有五火之变，以数[3]守之。

📖 译文 📖

所有火攻都要根据五种火攻发生的情况，及时派兵策应配合：在敌营内部放火，就要及早派兵从外部策应；如果火已烧起来，而敌军仍安静不乱，就要等待观察，不要急于进攻。等待火势更加猛烈之后，看情况可以出击就出击，不可以出击就作罢；要是可以从外部放火烧进去，就不必等待内应，只要适合天时就燃放；火发在上风口，不要从下风口进击；白天的风刮得长久，夜里可能短暂而止。军队必须懂得这五种火攻的变化策略，按天文历法来掌握放火和防守的时机。

✧ 注释 ✧

[1] 上风：上风口，风向的上头。下风，相反，风向的下头。人在下风，正好被火烧。

[2] 昼风久，夜风止：白天风刮得长久，夜里可能短暂而止。风助火势，也有一般规律，如老子说的"飘风不终朝，暴雨不终日"。

[3] 数：术数，历法。

12-3 故以火佐攻者明，以水佐攻者强。水可以绝，火可以夺 [1]。

✧ 译文 ✧

所以，放火辅佐军队进攻，火势炽烈显赫。用水淹来辅佐进攻，水势强大。但水攻只能分割阻断敌人，火攻就可以夺走敌人的实力。

✧ 注释 ✧

[1] 火可以夺：通行本作"不可以夺"。张贲注："不"当为火之形近而误。可从。

12-4 夫战胜攻取而不修其功 [1] 者凶 [2]，命曰费留 [3]。

故曰明主虑之，良将修之。非利不动，非得不用，非危不战。主不可以怒而兴师，将不可以愠而致战^[4]。合于利而动，不合于利而止。怒可以复喜，愠可以复悦，亡国不可以复存，死者不可以复生。故明主慎之，良将警之，此安国全军之道也。

✿ 译文 ✿

打了胜仗，夺取了土地城邑，却不能做好论功行赏，巩固战果，就会有祸患。这是费财损兵，叫作"费留"。因此英明的国君应该想到，优秀的将帅应该做到：不是对国家有利就不要动武，没有取胜把握不用兵，不到危急关头不开战。国君不可因一时恼怒就发动战争，将帅不可凭自己感情就同人打仗。符合国家利益应该行动，不合利益就要停止。恼怒可以变为欢喜，生气可以回到高兴，而国家灭亡就不能再保全，人死了也不能再活过来。因此，明主要谨慎决策，良将必须警戒冲动，这是安定国家、保全军队的根本道理。

✿ 注释 ✿

[1] 修其功：做好论功行赏，巩固战果。修，整治，做好。

[2] 凶：危险，祸患。打胜仗，却不论功行赏，可能反胜为败。

[3] 费留：费财留工。齐地方言，空耗钱财，旷废政事。《晏

子春秋》补篇："古者圣人……非不知能扬干戚钟鼓竽瑟以劝众也，以为费财留工。"刘师培《晏子春秋校补》："留工"即旷政。"旷日"即"留日"，"工"当作"正"，通"政"。据此，费留，就是费财旷政之意。

[4] 愠而致战：凭个人感情就去交战。愠，怨恨。战争要以国家利益为准则，切忌感情用事。

《武经总要》中所载的火牛

用间篇第十三
（间谍情报论）

✿ 解题 ✿

间（jiàn），间谍，情报人员。俗称探子、细作。《说文解字》："间，隙也。"《尔雅》郭璞注："《左传》谓之谍，今之细作也。"本篇论述用间的意义、种类和使用方法。提出"因间""内间""反间""死间""生间"五间并用，而以"反间"为重。用间的原则是："三军之事，莫亲于间，赏莫厚于间，事莫密于间。非圣智不能用间，非仁义不能使间，非微妙不能得间之实。微哉！微哉！无所不用间也。"就是说，用间一要选好人，二要重赏，三要保密，四要圣智，五要恩德结义，六要智慧破解情报，七要充分认识用间的重要性，"无所不用间也"。

孙子说："知彼知己者，百战不殆。"要知彼实情就要用间。"故明君贤将所以动而胜人，成功出于众者，先知也。先知者，不可取于鬼神，不可象于事，不可验于度，必取于人，知敌之情者也。"孙子此说突破了古代流行的鬼神先验论，闪耀着唯物论的光辉。他把用间从战场的情报扩大到国家掌握敌情的战略高度，提出"能以上智为间者，必成大功"的论断，似乎预见到当今国际上尖端人才争夺战的激烈状况。

13-1 孙子曰：凡兴师十万，出征千里，百姓之费，公家之奉，日费千金。内外骚动，殆于道路[1]，不得操事者，七十万家[2]。相守数年，以争一日之胜，而爱爵禄百金[3]，不知敌之情者，不仁之至[4]也。非人之将也，非主之佐也，非胜之主也。

✿ 译文 ✿

孙先生说：大概一场战争，兴兵十万，出征千里，百姓负担的军费，公家的开支，每天多达一千金。全国上下动荡不安，疲惫的民夫奔走运送物资，农民不能从事耕作者，多达七十万家。两军相持几年，就为争夺最后一天的胜利，如因舍不得爵禄金宝，得不到谍报敌方的实情而失败，那就是最大的不仁了。这就不配做人民的将军，不配做国君的辅佐，不配做胜利的主宰。

✿ 注释 ✿

[1] 殆（dài）于道路：民夫疲惫奔走于路上。殆，通"怠（dài）"，疲倦。

[2] 不得操事者，七十万家：农民不能从事耕作者，多达七十万家。曹操注："古者八家为邻，一家从军，七家奉之。言十万之师举，不事耕稼者七十万家。"操事，干农活。

[3] 爱爵（jué）禄百金：舍不得给间谍官位和金钱。爱，吝惜。爵，爵位，封官。

[4] 不仁之至: 最不仁爱了。孔子说: "仁者, 爱人。"如爱惜钱财而致战败, 大量死伤, 是极大的不仁了。

故明君贤将所以动而胜人, 成功出于众者, 先知也。先知者, 不可取于鬼神, 不可象于事[1], 不可验于度[2], 必取于人, 知敌之情者也。

✿ 译文 ✿

所以英明的国君、贤良的将帅, 为什么一出兵就打胜仗, 功业高于众人, 就因为先知啊。要事先掌握敌人内情, 不能向鬼神祈求, 不能拿往事类比推测, 不能用天文星象来运算, 一定要从人那里获得, 从了解敌人内情的间谍那里获得。

✿ 注释 ✿

[1] 象于事: 用过去的事情类比推测敌情, 如占卜。象, 形象, 类比。

[2] 验于度: 用日月星辰运行的度数来求证敌情。验, 验证。

13-2 **故用间有五: 有因间, 有内间, 有反间, 有死间, 有生间。五间俱起, 莫知其道, 是谓神纪[1], 人君之宝也。**

☖ 译文 ☖

使用间谍有五种；有因间，有内间，有反间，有死间，有生间。五种间谍一起使用起来，敌人莫名其妙，这叫作神奇妙法，正是国君克敌制胜的法宝。

☖ 注释 ☖

[1] 神纪：神奇妙法。神，高超，神奇。纪，丝的头绪，法度。

因间者，因其乡人而用之。内间者，因其官人[1] 而用之。反间者，因其敌间而用之。死间者，为诳事[2] 于外，令吾间知之，而传于敌也。生间者，反报也。

☖ 译文 ☖

所谓因间，就是利用敌国的乡下人做间谍。所谓内间，就是利用敌国的官吏做间谍。所谓反间，就是收买敌人的间谍为我使用。所谓死间，就是对外泄露假情报，让打入内部的间谍得知，冒死去骗敌人上当。所谓生间，就是能活着取回情报。

☖ 注释 ☖

[1] 官人：官属，官吏。

[2] 诳（kuáng）事：虚假情报。诳，欺骗。

13-3 故三军之事^[1]，莫亲于间，赏莫厚于间，事莫密于间。非圣智不能用间，非仁义不能使间^[2]，非微妙不能得间之实。微哉！微哉！无所不用间也。间事未发，而先闻者，间与所告者皆死。

✿ 译文 ✿

所以，全军的人事，论信任度没有比间谍更亲密的，论赏赐没有比间谍更优厚的，论办事没有比间谍更机密的。不是睿智之人，不能选任间谍；不是仁义恩德结交，不能使用间谍；不是敏锐精细，不能破解间谍情报。微妙哇！微妙哇！真是无处不使用间谍呀！间谍的计划还没有实施，要是有人先知道了，那么间谍与听到机密的人都要被处死。

✿ 注释 ✿

[1] 三军之事：全军的人事。三军，全国军队。十家注本原作"事"，而孙星衍校改为"亲"，不妥。

[2] 非仁义不能使间：不是仁义恩德结交，不能使用间谍。陈皞注："仁者有恩以及人，义者得宜而制事……则间者尽心而觇察，乐为我用也。"

13-4　凡军之所欲击，城之所欲攻，人之所欲杀，必先知其守将、左右 [1]、谒者 [2]、门者 [3]、舍人 [4] 之姓名，令吾间必索 [5] 知之。

✿ 译文 ✿

大概要攻击敌方的军队，要占领敌方的城池，要斩杀敌方的要员，就必须事先查明那里守城的将领、左右亲信、传达官、守门官、幕僚门客们的姓名，指令我方间谍一定调查清楚。

✿ 注释 ✿

[1] 左右：身边亲信。

[2] 谒（yè）者：传达官。《礼记·曲礼》郑注："谒者主宾客告请之事。"

[3] 门者：守门官。

[4] 舍人：幕僚门客。

[5] 索：搜寻，查清。

必索敌人之间来间我者，因而利之，导而舍之 [1]，故反间可得而用也。因是而知之 [2]，故乡间、内间可得而使也。因是而知之，故死间为诳事，可使告敌。因是而知之，故生间可使如期。五间之事，主必知之，知之必在于反间，故反间不可不厚也。

✿ 译文 ✿

一定要查出敌方派来刺探虚实的间谍。从而用重金收买他，开导教育他，给他任务放回去。这样，反间就可以为我所用了。根据反间提供的敌情，所以乡间、内间也都可以使用起来。根据反间提供的敌情，就可以叫死间传达假情报给敌方。根据反间提供的敌情，可以使生间按期回来报告密情。五种间谍的活动情况，国君必须知道，但掌握他们活动的实情，一定得靠反间，所以，对于反间不能不给优厚待遇。

✿ 注释 ✿

[1] 导而舍之：开导教育，能为我所用后放回去。舍，同"捨"，释放。

[2] 因是而知之：依靠反间掌握内情。因，凭借。是，此，指反间的情报。

13-5 昔殷之兴也，伊挚在夏[1]。周之兴也，吕牙在殷[2]。故惟明君贤将能以上智[3]为间者，必成大功。此兵之要[4]，三军之所恃而动也。

✿ 译文 ✿

从前殷商的兴起，靠的是曾在夏朝了解内情的伊尹。周朝的兴起，靠的是曾在殷商了解内情的吕尚。因此，只要英明的国君、贤能的将帅，能够选任具有高智商的人做间谍，就一定能建树伟大功业。用间是作战的关键要务，全军都要依靠情报来决定行动啊。

✿ 注释 ✿

[1] 伊挚（zhì）在夏：伊尹名挚，一名阿衡。初为汤妻有莘氏的陪嫁奴隶。汤发现其才，予以重用。曾到夏朝搜集情报，后帮助汤灭夏，建立商朝，历任三朝国相。（见《史记·殷本纪》）夏，夏朝，大禹之子夏启建立的中国第一个奴隶制国家。都安邑（今山西省闻喜县东南）、阳翟（今河南省禹州市）等地。传十七世至夏桀，为汤所灭。

[2] 吕牙在殷：吕牙即姜尚，字望、子牙。俗称姜太公。祖先封于吕，故称吕望、吕牙。西伯姬昌（庙号周文王）被商纣王囚禁羑里，吕牙献计营救，后在京城朝歌一带做生意。一说七十岁在渭水滨钓鱼，被西伯姬昌出猎遇见，召为军师。他帮助姬发（庙号周武王）灭商，建立周朝。封于齐，为齐国始祖。殷，即商朝。公元前1600年（约），汤灭夏，建都亳（今河南省商丘市），称商朝。至公元前1300年（约），盘庚迁都殷（今河南省安阳市小屯村），称殷。统称殷商。传至帝辛（纣王），公元前1046年被周所灭。

[3] 上智：高智商的人，如现代尖端技术人才。

[4] 兵之要：作战的关键要务。张预注："用师之本，在知敌情，故曰：此兵之要也。"

钺
（yuè）
执法砍头的大斧。长柄斧、短柄斧是步兵砍马腿的利器

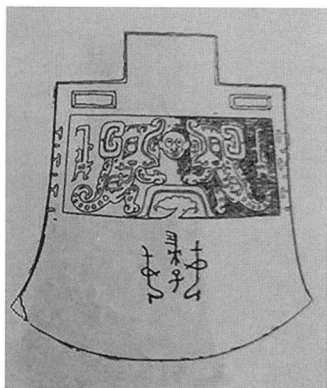

商代青铜器妇好钺

孙子对抗哲理名句（60）

经之以五，校之以计，而索其情。一曰道，二曰天，三曰地，四曰将，五曰法。（1-2）

因利而制权。（1-4）

兵者，诡道也。故能而示之不能，用而示之不用，近而示之远，远而示之近。（1-5）

利而诱之，乱而取之，实而备之，强而避之，怒而挠之，卑而骄之，佚而劳之，亲而离之。（1-5）

攻其无备，出其不意。（1-5）

多算胜，少算不胜，而况于无算乎！（1-6）

不尽知用兵之害者，则不能尽知用兵之利也。（2-1）

卒善而养之，是谓胜敌而益强。（2-5）

兵贵胜，不贵久。故知兵之将，民之司命，国家安危之主也。（2-6）

百战百胜，非善之善者也；不战而屈人之兵，善之善者也。（3-1）

上兵伐谋，其次伐交，其次伐兵，其下攻城。攻城之法为不得已。（3-2）

善用兵者，屈人之兵而非战也，拔人之城而非攻也，毁人之国而非久也。必以全争于天下，故兵不顿而利可全。（3-2）

不知三军之事，而同三军之政者，则军士惑矣。不知三军之权，而同三军之任，则军士疑矣。三军既惑且疑，则诸

侯之难至矣，是谓乱军引胜。（3-5）

将能而君不御者胜。（3-6）

知彼知己者，百战不殆；不知彼而知己，一胜一负；不知彼不知己，每战必殆。（3-7）

昔之善战者，先为不可胜，以待敌之可胜。不可胜在己，可胜在敌。（4-1）

善守者，藏于九地之下；善攻者，动于九天之上。（4-2）

善战者，立于不败之地，而不失敌之败也。（4-3）

胜兵先胜而后求战，败兵先战而后求胜。（4-3）

善用兵者，修道而保法，故能为胜败之政。（4-3）

胜者之战民也，若决积水于千仞之溪者，形也。（4-4）

凡治众如治寡，分数是也。斗众如斗寡，形名是也。三军之众，可使必受敌而无败者，奇正是也。兵之所加，如以碬投卵者，虚实是也。（5-1）

凡战者，以正合，以奇胜。（5-2）

善战者，求之以势，不责于人。（5-6）

任势者，其战人也，如转木石。木石之性，安则静，危则动；方则止，圆则行。故善战人之势，如转圆石于千仞之山者，势也。（5-6）

致人而不致于人。（6-1）

出其所不趋，趋其所不意。（6-2）

形人而我无形，则我专而敌分。（6-4）

寡者，备人者也；众者，使人备己者也。（6-5）

形兵之极，至于无形。无形，则深间不能窥，智者不能谋。（6-8）

水之形，避高而趋下；兵之形，避实而击虚。（6-9）

军争之难者，以迂为直，以患为利。故迂其途，而诱之以利，后人发，先人至。（7-1）

军争为利，军争为危。（7-2）

兵以诈立，以利动，以分合为变者也。（7-4）

塗有所不由，军有所不击，城有所不攻，地有所不争，君命有所不受。（8-2）

智者之虑，必杂于利害。杂于利，而务可信也。杂于害，而患可解也。（8-4）

屈诸侯者以害，役诸侯者以业，趋诸侯者以利。（8-5）

用兵之法，无恃其不来，恃吾有以待也。无恃其不攻，恃吾有所不可攻也。（8-5）

客绝水而来，勿迎之于水内，令半济而击之，利。（9-1）

先暴而后畏其众者，不情之至也。（9-7）

兵非贵益多也，惟无武进，足以并力、料敌、取人而已。夫惟无虑而易敌者，必擒于人。（9-8）

令之以文，齐之以武，是谓必取。（9-9）

令素信著者，与众相得也。（9-9）

进不求名，退不避罪，惟人是保，而利合于主，国之宝也。（10-3）

视卒如婴儿，故可与之赴深溪。视卒如爱子，故可与之俱死。（10-4）

厚而不能使，爱而不能令，乱而不能治，譬如骄子，不可用也。（10-4）

知彼知己，胜乃不殆。知地知天，胜乃可全。（10-5）

敌众整而将来，待之若何？曰：先夺其所爱，则听矣。（11-2）

兵之情主速，乘人之不及，由不虞之道，攻其所不戒也。（11-2）

齐勇若一，政之道也。刚柔皆得，地之理也。故善用兵者，携手若使一人，不得已也。（11-4）

兵之情，围则御，不得已则斗，过则从。（11-6）

投之亡地然后存，陷之死地然后生。夫众陷于害，然后能为胜败。（11-7）

敌人开阖，必亟入之。先其所爱，微与之期。（11-8）

践墨随敌，以决战事。是故始为处女，敌人开户，后如脱兔，敌不及拒。（11-8）

非利不动，非得不用，非危不战。（12-4）

主不可以怒而兴师，将不可以愠而致战。合于利而动，

不合于利而止。（12-4）

先知者，不可取于鬼神，不可象于事，不可验于度，必取于人，知敌之情者也。（13-1）

五间俱起，莫知其道，是谓神纪。（13-2）

非圣智不能用间，非仁义不能使间，非微妙不能得间之实。微哉！微哉！无所不用间也。（13-3）

能以上智为间者，必成大功。（13-5）

古代器物上的战争图

附录

一、银雀山汉简《孙子》

银雀山汉墓竹简《孙子》释文

按：以下文字摘自文物出版社 1985 年版《银雀山汉墓竹简》〔壹〕。银雀山汉墓竹简《孙子》释文，是"银雀山汉墓竹简整理小组"根据 1972 年山东临沂银雀山汉墓出土的《孙子》残简整理而成的。分为上下两编。上编是《孙子》十三篇的残简，下编为《孙子》佚文四篇以及孙子见吴王以兵法试诸妇人的残文一篇。释文中的篇题，凡未加〔 〕号的，都是原有篇名；加〔 〕号的，为原书编者补加。释文中的囗号，表示残简中无法辨识的字；囗号外加〔 〕号的，表示竹简残断而缺去的字；……号表示由于竹简残断缺五字以上或缺整简。根据上下文补出的缺文也用〔 〕号表示。简文明显的误字，释文中随文注出正字，外加（ ）号。假借字和古体字一般随文注明，用来注释的字外加（ ）号。

上编 汉简《孙子》残文（十三篇）

〔计〕

〔□□〕曰：兵者，国之大事也。死生之地，存亡之道，不可不察也。故轻（经）之以五，效（校）之以计，以索其请（情）。一曰道，二曰天，三曰地，四曰将，五曰法。道者，令民与上同意者也，故可与之死，可与之生，民弗诡也。天者，阴阳、寒暑、时制也，顺逆、兵胜也。地者，高下、广陕（狭）、远近、险易、死生也。将者，知（智）□……曲制、官道、主用也。凡此五者……孰能？天地孰得？法〔□□□□□〕孰强？士卒孰练？赏訓（罚）孰明？吾以此知胜〔□□□□□〕计，用之必胜……用而视（示）之不用，近而视（示）之远，〔远〕而视（示）之近。利而诱之，乱而取之，实〔□〕□之，强而□之，怒而诳（挠）之，攻其〔□〕备，出其……胜，不可……筭胜者……筭少〔□□□□〕，少□□□无筭〔□□□〕此观……

作战

作战——原注：此是篇题，写在简背。

孙子曰：凡用兵之法，驰□千驷，〔□□□〕乘，带甲〔□□□〕里而馈饷（粮），则外内……车甲之奉，日□□□内□……用战，胜久则顿（钝）……起，虽知（智）者，不

能善其后矣。故……未有也。故不尽于知用兵……饟（粮）
于敌〔囗囗〕食可足也。国之贫于师者，远者远输则百姓
贫；近币（师）者贵囗囗囗则囗及丘役。屈力中原，内虚于
家。百〔囗囗〕费，十去其六……石。故杀适（敌）囗……
车战……卒共而养之，是胃（谓）胜敌而益强。故……

〔谋攻〕

……破伍……其下攻城。〔攻〕城之法，脩（修）
橹……囗囗三月而止囗距闉有（又）三月然……城不〔囗囗
囗〕哉（灾）也。故善用兵者，诎（屈）人之兵而非战也，
拔人之〔囗〕而非攻也，破人之国而非……天下，故〔囗
囗囗〕而利可囗……战之……所以患军……知三军……澶
（既）疑，诸侯之……知可而战与不可而战，胜。知众……
以虞侍（待）不……故兵知皮（彼）知己，百战不……

形

刑（形）——原注：此为篇题，写在简背。简文多重复，
可见不止一本。今据书体风格，整理成甲、乙两个写本。

（甲）

孙子曰：昔善……胜，以侍（待）适（敌）之可胜。不
可胜在己，可胜在适（敌）。故善者……囗使适（敌）可
胜。故曰：胜可智（知）〔囗〕不可为也。不可胜，守；可
胜，攻也。守则有余，攻则不足。昔善守者，臧（藏）九地
之下，动九……众人之所知，非善……曰善，非囗囗也。举

〔□□□□□〕力，视日月不为明目，闻雷霆不为葱（聪）耳。所胃（谓）善者，胜易胜者也。故善者之战，无奇〔□〕，无智名，无勇功，故其胜不贷（忒）。不〔贷（忒）〕者……□□胜□后战，败〔□□□□〕而后求胜。故善者脩（修）道□□法，故能为胜败正。法：一曰度，二曰量，三曰数，四曰称，五曰胜。地……生称，〔称〕生胜。胜兵如以洫（镒）称朱（铢），败兵如以朱（铢）称洫（镒）。称胜者战民也，如决积水于千那（仞）……

（乙）

……胜而□适（敌）之可胜。不可胜在己，可胜在适（敌）。故善者能为不可胜〔□□□□〕可胜，故……也。守则有余，攻则不足。昔善守者，臧（藏）九地之下，动九天之上，故能自葆全〔□□〕。见胜〔□〕过众人之智，非善者也。战胜而天下曰善……易胜者也。故善〔□□□□〕奇胜，无智名，无〔□〕功，故其胜不贷（忒）。不贷（忒）者，其所错〔□〕胜败者也。善……胜兵……败正。法：一曰度，二曰量，三曰数，四……生胜。胜兵如以洫（镒）称朱（铢），败兵如以朱（铢）称洫（镒）。称〔□〕者战民也，如决积〔□□□〕那（仞）之墟，刑（形）也。

势

埶（势）——原注：此是篇题，写在简背。

治众如治寡，分数是。斗众……可使毕受适（敌）而无败，□正□〔□□□□〕如以段（碫）……穷如天地，无谒（竭）如河海。冬（终）而复始，日月是……变不……之变，不可胜穷也。奇正环相生，如环之毋（无）端，孰能穷之？水之疾，至……可败。乱生于治，胁（怯）生于悳（勇），弱生于强。治乱，数也；悳（勇）胁（怯），執（势）也；强〔□□〕也。善动适（敌）者，刑（形）之，适（敌）必从之；〔□□□□〕取之。以此动之，以卒侍（待）之。故善战者，求之于執（势），弗责于……木石。木石之生（性），安则静，危则动，方则……

实虚

实虚——原注：此是篇题，写在简背。

先处战地而侍（待）战者失（佚），后处战地而趋战者劳。故善战者，致人而不〔□□〕人。能使适（敌）〔□〕至者，利之也。能使适（敌）……能劳之，饱能饥之者，出于其所必〔□□〕。□行千里而不畏，行无人之地也。攻而必〔□□□〕所不守也。守而必固，守其所□〔□□□□□〕者，适（敌）不知所守。善守者适（敌）不知□□……故能为适（敌）司命。进不可迎者，冲〔□□□□□〕可止者，远……适（敌）不得不〔□□□〕者，攻其所……之，适（敌）不得与我战者，胶其所之也。故善将者刑（形）人而无刑（形）〔□□〕搏（专）而适（敌）分。我搏（专）而为壹，适（敌）分而为十，是以十击壹也。我寡而适（敌）众，能以寡击口……地不可知，则适（敌）之所备者多。所备者多，则所战者寡矣。备前……者右寡，无不备者无不寡。寡者备〔口口口〕众者，使人备己者也。知战之日，知战之地，千里而战。不〔口口口〕日，不知战之地，前不能救后，后不能救前，左不能救〔口口〕不能救左，皇（况）远者数十里，近者数里口……口口胜戈（哉）？故曰：胜可擅也。适（敌）唯（虽）众，可毋斱（斗）也。故绩之而知动口……死生之地，计之〔口口〕得失之口，口之〔口口〕余不足之口。刑（形）兵之极，至于无刑（形），〔无刑（形）〕，则深间弗能规（窥）也，知（智）者弗能谋也。因刑（形）而错胜口……制刑（形）。所以胜者不……兵刑（形）象水，水行辟（避）高而走下，兵胜辟（避）实击虚。故水因地而制行，兵因敌而制胜。兵无成埶（势），无恒刑（形），能与敌化之胄（谓）神。五行无恒胜，四时〔口〕常立（位），日有短长，月有死生。·神要（原注：神要二字上有圆点，表示非原文。亦可能是读者所记，表示此篇重要。）

〔**军争**〕

……以口为直，以患……而诱之〔口口〕后人发，先人至者，知汙（迂）直之计者也。军争为利，军争〔口〕危，举军而争利则口不及，委军而〔口〕利则辎重捐。是故紾（卷）甲而趋利〔口口口〕处，倍……者后，则十一以至；五十里而争利，则厥（蹶）上将，法以半至；……军毋

（无）辎重〔口口〕粮食则亡，无委责（积）则亡。是故不
知诸侯之谋者，不……刑（形）者不能行军；不口乡（向）
道（导）……动，以〔口〕合变……难知……分利，县（悬）
权而动。先知汙（迂）直之道者〔口〕军争之法也。是故
军……鼓金；视不相见，故为旌旗。是故昼战多旌旗，夜
战多鼓金。〔鼓金〕旌旗者，所以壹民之耳目也。民澄（既）
已搏（专）〔口口〕勇者不……将军可夺心口。……用兵者，
辟（避）其兑（锐）气……气者……远，以失（佚）〔口〕
劳，以饱侍（待）饥，此治力者也。毋要（邀）麤麤（正
正）之旗，毋击堂堂之陈（阵），此治变者……倍（背）丘
勿迎，详（佯）北勿从，围师遗阙，归师勿谒（遏），此用
众之法也。　　四百六十五（原注：写在篇末正文之后，标
明全篇字数。）

〔**九变**〕

……瞿（衢）地……地则战，……攻，地有所不争，
口……于九……能得地……利，故务可信；杂于害，故忧
患可……不攻口〔口口口〕不可攻。故将有五〔口口口口〕
杀。必生，……洁廉，可辱。爱民，可……危，不可不察也。

〔**行军**〕

……处高，战降毋登，〔口〕处山之……此处水上之
军……交军沂泽之中，依……死后生，此处口……凡四军
之利，黄帝之……无百疾，陵丘隄口处其阳，而右倍（背）

之。此兵之利，地之助也。上雨水，水流至，止涉侍（待）其定〔□□□〕天井、天窖、天离、天翘、天郄，必亟去之，勿〔□□□〕远之，敌近之。吾……□笇（苇）、小林、翳洔（荟），可伏匿者，谨复索之，奸之所处也。敌近而□者，恃其险也。敌远□……进者，其所居者易……军者也。□庳（卑）而备益者，进也。辞强而〔□〕殴（驱）者，退也。轻车先出居厕（侧）者〔□□□□□〕请和者，谋也。奔走陈兵者，期也。半进者，诱也。杖而立者，饥也。汲役先歃（饮）……而不进者，劳拳（倦）也。鸟□者，虚也。夜嘑者，恐也。军犹（扰）者，将不重也。……函（甄）者不反（返）其舍者，穷寇也。□□闲闲□言人者，失其众者也。数赏者，窘也。数罚者……相去也，必谨察此。

兵非多益，毋……而罚之，则不服，不服则难用也。卒已博亲而罚不行，则不用。故合（令）之以文，济（齐）之以……行，以教其民者，民服；素□……

〔**地形**〕

按：《孙子》篇题木牍上有《□刑（形）》一题，位置在《九地》之前，应即本篇篇题，但未发现此篇简文。

九地

……地，有轻地，有争地，有交地，有瞿（衢）地，有重地，有泛地，□围地，有死地。诸侯战〔□〕地为散……而得天□之众者，为蘧（衢）。入人之地深，倍（背）城邑多者，为重。行山林、沮泽，凡难行之道者，为□……□寡可〔□□〕吾众者，为围。疾则存，不疾则亡者，为死。是故散〔□□□□〕轻地则毋止，争……□，瞿（衢）……则行，围地则谋，死地则战。所胃（谓）古善战者，能使适（敌）人前后不相及也。……适（敌）众以正（整）将来，侍（待）之〔□〕何？曰夺〔□□□□〕听〔□□〕之请（情）主数（速）也，乘人之不给也……食，谨养而勿劳，并……谋，为不可贼（测）。投之毋（无）所往，死且不北，死焉……无所往则……所往则斗。是故不调而戒，不……非恶货也，无余死，非恶寿也。令发〔□□〕士坐者涕□□，卧〔□□□□〕，投之无所往者，诸、岁之勇也。故善用军者，辟（譬）如卫然。卫然者，恒山之……击其尾则首至，击其中身则首尾俱至。敢问□可使若卫然虖（乎）？曰：可。越人与吴人相恶也，当其同周（舟）而济也，相救若□……齐勇若一……□已也。将军之事……之耳目，使无之；易其事〔□□□〕，使民无识；易其□，于（迁）其□，使民不得……入诸侯之地，发其几（机），若敺（驱）群……变，诎（屈）信（伸）之利，人请（情）之理，不可不察也。凡为〔□□□〕搏（专），浅则散。□国越竟（境）而师者，绝地也；四篯（彻）者，蹑（衢）地也；……者，轻地也；倍（背）固前□〔□□〕地也；倍（背）固前适（敌）者，死地也；毋（无）所往者，穷地也。〔□□□〕散地，吾将壹其志；轻地，吾将使之偻；争地，吾将使不留；交地也，吾将固其结；瞿（衢）地也，吾将谨其恃；〔□〕地也，吾将趣其后；泛地也，吾将进其□；围地也，吾将塞〔□□〕；死地……。□侯之请（情）；迤则御，不得已则斗，过则从……利。四五者，一不智（知），非王霸之兵也。彼王霸之兵，伐大国则其众不……则其交不□合。是故不……可拔也，城可隋（隳）也。无法之赏，无正之令，犯三……以害，勿告以利。芊之亡地然而后存，陷……于害，然后能为败为……□□将，此胃（谓）巧事。是故正（政）与（举）□……其使，厉于郎（廊）上，以诛其事。适（敌）人开阖，必亟入之。先其所爱，微与……决战事。是故始如处……

火攻

孙子曰：凡攻火有五：一曰火人，二曰火渍（积），三曰火辎，四曰火库，五曰火〔□□〕火有因，因必素具。发火有时，起火有日。时者，天……四者，风之起日也。火发□……火发其兵静而勿攻，极其火央，可从而从〔□□□□□〕止之。火可发于外，毋寺（待）于内，以时发之。火□上风，毋攻〔□□□□□〕久，夜风止。……之变，以数守之。故以火佐攻者明，以水佐攻者强。水可……得，不隋其功者，凶，命之曰费留。故曰：明主虑之，良将随之。非利〔□□□□〕不用，非危不战。主不可以怒兴军，将不可以温（愠）战。合乎利而用，不合而止。怒可复喜也，温（愠）可复……

用间

孙子曰：凡……里，百生（姓）之费，口〔口口口〕费日千……知适（敌）之请（情）者，不仁之至也，非民之将也，非主〔口口口口口〕之注（主）也。故……不可象〔口口），不可验于度，必取于人知者。故用间有五，有口间，有内间，有反间，有死间，有生间。〔口口口口口〕知其〔口口口〕神纪，人君之葆（宝）也。生间者，反报……乡人而用者也。内间者，因〔口口口口〕口。反……三军之亲，莫亲于间，赏莫厚于间，事莫密于间。非圣〔口口口口〕，非仁不能使……之葆。密弋（哉）密弋（哉），毋（无）所不用间。〔口口口〕事未发，闻，间口……攻，人〔口口口〕杀，必先口其〔口口口〕谒者……用也。因是而知之，故乡间、内间可得而使也。……五间之事，必知之，……可不厚也。口……在夏。周之兴也，吕牙在口〔口口〕口衛师比在陉。燕之兴也，苏秦在齐。唯明主贤将能……

下编 汉简《孙子》佚文

吴问

吴王问孙子曰："六将军分守晋国之地，孰先亡？孰固成？"孙子曰："范、中行是（氏）先亡。""孰为之次？""智是（氏）为次。""孰为之次？""韩、巍（魏）为次。赵毋失其故法，晋国归焉。"吴王曰："其说可得闻乎？"孙子曰："可。范、中行是（氏）制田，以八十步为婉（畹），以百六十步为畛，而伍税之。其□田陕（狭），置士多，伍税之，公家富。公家富，置士多，主乔（骄）臣奢，冀功数战，故曰先〔亡〕。……公家富，置士多，主乔（骄）臣奢，冀功数战，故为范、中行是（氏）次。韩、巍（魏）制田，以百步为婉（畹），以二百步为畛，而伍税〔之〕。其□田陕（狭），其置士多，伍税之，公家富。公家富，置士多，主乔（骄）臣奢，冀功数战，故为智是（氏）次。赵是（氏）制田，以百廿步为婉（畹），以二百卌步为畛，公无税焉。公家贫，其置士少，主金臣收，以御富民，故曰固国。晋国归焉。"吴王曰："善。王者之道，□□厚爱其民者也。" 二百八十四

〔四变〕

……〔徐（途）有所不由，军有所不击〕，城有所不攻，

地有所不争，君令有〔所不行〕。

·徐（途）之所不由者，曰：浅入则前事不信，深入则后利不楼（接）。动则不利，立则囚。如此者，弗由也。

·军之所不毄（击）者，曰：两军交和而舍，计吾力足以破其军，獲其将。远计之，有奇執（势）巧权于它，而军……口将。如此者，军唯（虽）可毄（击），弗毄（击）也。

·城之所不攻者，曰：计吾力足以拔之，拔之而不及利于前，得之而后弗能守。若力〔不〕足，城必不取。及于前，利得而城自降，利不得而不为害于后，若此者，城唯（虽）可攻，弗攻也。

·地之所不争者，曰：山谷水口无能生者，口口口而口口……虚。如此者，弗争也。

·君令有所不行者，君令有反此四变者，则弗行也。口口口口口口口口行也。事……变者，则智（知）用兵矣。

黄帝伐赤帝

孙子曰：〔黄帝南伐〕赤帝，〔至于口口〕，战于反山之原，右阴，顺术，倍（背）冲，大威（灭）有之。〔口年〕休民，孰（熟）穀，赦罪。东伐口帝，至于襄平，战于平口，〔右〕阴，顺术，倍（背）冲，大威（灭）〔有之。口〕年休民，孰（熟）穀，赦罪。北伐黑帝，至于武隧，战于口口，右阴，顺术，〔倍冲，大威有之。口年休民，孰（熟）

穀，赦罪〕。西伐白帝，至于武刚，战于〔□□，右阴，顺术，倍冲，大威有〕之。已胜四帝，大有天下，暴者……以利天下，天下四面归之。汤之伐桀也，〔至于□□〕，战于薄田，右阴，顺术，倍（背）冲，大威（灭）有之。武王之伐纣，至于鼓遂，战牧之野，右阴，顺术，〔倍冲，大威〕有之。一帝二王皆得天之道、□之□、民之请（情），故……

地刑（形）二

凡地刑（形）东方为左，西方为〔右〕……

……首，地平用左，军……

……地也。交□水□……

……者，死地也。产草者□……

……地刚者，毋□□□也□……

……〔天〕离、天井、天宛□……

……是胃（谓）重利。前之，是胃（谓）猒守。右之，是胃（谓）天国。左之，是胃（谓）……

……所居高曰建堂，□曰□……

……□遂，左水曰利，右水曰积……

……□五月度□地，七月□……

……三军出陈（阵），不问朝夕，右负丘陵，左前水泽，顺者……

……九地之法，人请（情）之里（理），不可不□……

见吴王——原注：本篇中孙子及吴王的话往往缺去开头或结尾，释文碰到这种情况就只标下引号或只标上引号。

……□于孙子之馆，曰："不榖好□□□□□□□□□兵者与（欤）？"孙……乎？不榖之好兵□□□□之□□□也，适之好之也。"孙子曰："兵，利也，非好也。兵，□〔也〕，非戏也。君王以好与戏问之，外臣不敢对。"盖（阖）庐曰："不榖未闻道也，不敢趣之利与……□孙子曰："唯君王之所欲，以贵者可也，贱者可也，妇人可也。试男于右，试女于左，□□□□……曰："不榖顛（愿）以妇人。"孙子曰："妇人多所不忍，臣请代……畏，有何悔乎？"孙子曰："然则请得宫□□……之国左后玺圉之中，以为二陈（阵）□□……曰："陈（阵）未成，不足见也。及已成……□也。君王居台上而侍（待）之，臣……□至日中请令……陈（阵）已成矣，□□听……□□不辟（辞）其难。"君曰："若（诺）。"孙子以其御为……参乘为舆司空，告其御、参乘曰："□□"……□妇人而告之曰："知女（汝）右手？"……之。"知女（汝）心？"曰："知之。""知女（汝）北（背）？"曰："知之。"……左手。胃（谓）女（汝）前，从女（汝）心。胃（谓）女（汝）……□不从令者也。七周而泽（释）之，鼓而前之……〔三告而〕五申之，鼓而前之，妇人乱而〔□□〕金而坐之，有（又）三告而五申之，鼓而前之，妇人乱而笑。三告而五申之者三矣，而令犹不行。孙子乃召其司马与舆司空而告之曰："兵法曰：弗令弗闻，君将之罪也；已令已申，卒长之罪也。兵法曰：赏善始贱，罚……□请谢之。"孙子曰："君□……引而员（圆）之，员（圆）中规；引而方之，方中巨（矩）。……盖（阖）庐六日不自□□□□□……□□□"孙子再拜而起曰："道得矣。……□□□长远近习此教也，以为恒命。此素教也，将之道也。民……□莫贵于威。威行于众，严行于吏，三军信其将畏（威）者，乘其适（敌）。" 　千□十五

　　　　＊　　　　＊　　　　＊　　　　＊

　……而用之，□□□得矣。若□十三扁（篇）所……

　……〔十〕三扁（篇）所明道言功也，诚将闻□……

　……〔孙〕子曰："古（姑）试之，得而用之，无不□……

　……□而试之□得□……

　……□□□之孙子曰："外内贵贱得矣。"孙……

　……〔孙〕子曰："唯……

　……□也，君王居台上而侍（待）之，臣……

　……□至日中请令……

　……人主也。若夫发令而从，不听者诛□□……

　……□也。请合之于□□□之于……

　……陈（阵）已成矣，教□□听……

……□不穀请学之。"为终食而□……

……将军□不穀不敢不□……

……者□□也。孙子……

……孙子曰:"……

……孙子……

……□□孙子……

……盖(阖)庐……

……盖(阖)庐……

(注:残简,顺序混乱。)

二、《通典》中的《孙子》佚文

　　《孙子》佚文是指传本十三篇之外散见于其他文献图书中的被冠以孙子之名的文字材料。这类佚文，除前列银雀山汉简佚文外，《通典》《北堂书钞》《太平御览》等时有征引，其中以杜佑《通典》收录较多；同时，《孙子》何延锡注、张预注及《文选》李善注等也有零星征引。清毕以珣《孙子叙录》和王仁俊《孙子佚文》曾广为搜辑。其中唐代杜佑《通典》卷一五九中《吴王孙武问对》十一篇，可能是吴王准备对楚国大战时与孙武的对话。所言战法对《孙子十三篇》尤其是《九地篇第十一》有相互印证的参考价值。

　　十一篇题目系编者所加。

吴王孙武问对
（见唐杜佑《通典》卷一五九）

【一　散地战】

　　吴王问孙武曰："散地，士卒顾家，不可与战，则必固守。固守不出，敌攻我小城，掠吾田野，禁吾樵采，塞吾要道，待吾空虚而急来攻，则如之何？"

　　孙武曰："敌人深入吾都，多背城邑，士卒以军为家，专志轻斗。吾兵在国，安土怀生，以阵则不坚，以斗则不胜。当集人众，聚谷蓄帛，保城避险，遣轻兵绝其粮道，彼挑战不得，转输不至，野无所掠，三军困馁，因而诱之，可以有功。若与战，必因势。势者，依险设伏；无险则隐于天阴暗昏雾，出其不意，袭其懈怠。"

【二　轻地战】

吴王问孙武曰："吾至轻地，始入敌境，士卒思还，难进易退，未背险阻，三军恐惧，大将欲进，士卒欲退，上下异心，而敌盛守，修其城垒，整其车骑，或当吾前，或击吾后，则如之何？"

孙武曰："军入敌境，敌人固垒不战，士卒思归，欲退且难，谓之轻地。当选骁骑伏要路，我退敌追，来则击之。[1] 军在轻地，士卒未专以入为务，无以战为。故无近其名城，无由其通路，设疑佯惑，示若将去。乃选骁骑，衔枚先入，掠其牛马六畜，三军见得，进乃不惧。分吾良卒，密有所伏。敌人若来，击之勿疑；若其不至，舍之而去。"

✿ 注释 ✿

[1] 文中"军入敌境，敌人固垒不战"至"来则击之"等句，为何延锡注所引文字，《通典》所无，今据以补。

【三 争地战】

吴王问孙武曰："争地敌先至，据要保利，简兵练卒，或出或守，以备我骑，则如之何？"

孙武曰："争地之法，让之者得，求之者失。敌得其处，慎勿攻之，引而佯走，建旗鸣鼓，趣其所爱，曳柴扬尘，惑其耳目，分吾良卒，密有所伏，敌必出救。人欲我与，人弃我取，此争先之道。若我先至，而敌用此术，则选吾锐卒，固守其所，轻兵追之，分伏险阻；敌人还斗，伏兵旁起。此全胜之道也。"

【四 交地战】

吴王问孙武曰："交地，吾将绝敌，令不得来，必全吾边城，修其所备，深绝通道，固其阨塞。若不先图，敌人已备，彼可得来，而吾不可往，众寡又均，则如之何？"

孙武曰："既吾不可以往，彼可以来，吾分卒匿之，守而勿怠，示其不能，敌人且至，设伏隐庐，出其不意也，可以有功也。"

【五 衢地战】

吴王问孙武曰："衢地必先，吾道远发后，虽驰车骤马，至不能先，则如之何？"

孙武曰："诸侯参属，其道四通。我与敌相当，而傍有他国。所谓先者，必重币轻使，约和傍国，交亲结恩，兵虽后至，众以属矣。简兵练卒，阻利而处，亲吾军士，实吾资粮，令吾车骑，出入瞻候。我有众助，彼失其党，诸国犄角，震鼓齐攻，敌人惊恐，莫知所当。"

【六 重地战】

吴王问孙武曰："吾引兵深入重地，多所逾越，粮道绝塞，设欲归还，势不可过，欲食于敌，持兵不失，则如之何？"

孙武曰："凡居重地，士卒轻勇，转输不通，则掠以继食。下得粟帛，皆贡于上，多者有赏，士无归意。若欲还出，即为戒备。深沟高垒，示敌且久。敌疑通途，私除要害之道，乃令轻车衔枚而行，尘埃气扬，以牛马为饵；敌人若出，鸣鼓随之，阴伏吾士，与之中期，内外相应，其败可知。"

【七 圮地战】

吴王问孙武曰："吾入圮地，山川险阻，难从之道，行久卒劳，敌在吾前，而伏吾后，营居吾左，而守吾右，良车骁骑，要吾隘道，则如之何？"

孙武曰："先进轻车，去军十里，与敌相候。接期险阻，或分而左，或分而右。大将四观，择空而取，皆会中道，倦而乃止。"

【八 围地战】

吴王问孙武曰："吾入围地，前有强敌，后有险难，敌绝粮道，利我走势，敌鼓噪不进，以观吾能，则如之何？"

孙武曰："围地之宜，必塞其阙，示无所往，则以军为家，万人同心，三军齐力。并炊数日，无见火烟，故为毁乱寡弱之形。敌人见我，备之必轻。告励士卒，令其奋怒，陈伏良卒，左右险阻，击鼓而出。敌人若当，疾击务突，前斗后拓，左右犄角。"

吴王又问曰："敌在吾围，伏而深谋，示我以利，萦我以旗，纷纷若乱，不知所之，奈何？"

孙武曰："千人操旃（旌），分塞要道，轻兵进挑，阵而勿搏，交而勿去，此败谋之法。"

【九 反围攻与围攻】

吴王问孙武曰："吾师出境，军于敌人之地，敌人大至，围我数重，欲突以出，四塞不通，欲励士激众，使之投命溃围，则如之何？"

孙武曰："深沟高垒，示为守备，安静勿动，以隐吾能。告令三军，示不得已。杀牛燔车，以飨吾士，烧尽粮食，填夷井灶，割发捐冠，绝去生虑。将无余谋，士有死志，于是砥甲砺刃，并气一力，或攻两旁，震鼓疾噪，敌人亦惧，莫知所当。锐卒分行，疾攻其后。此是失道而求生。故曰：困而不谋者穷，穷而不战者亡。"

吴王又问曰："若吾围敌，则如之何？"

孙武曰："山谷峻险，难以逾越，谓之穷寇。击之之法：伏卒隐庐，开其去道，示其走路。求生逃出，必无斗志，因而击之，虽众必破。"

【十　死地战】

吴王问孙武曰："吾在死地，粮道已绝，敌伏吾险，进退不得，则如之何？"

孙武曰："燔吾蓄积，尽我余财，激士励众，使无生虑，鼓呼而冲，进而勿顾，决命争强，死而须斗。若敌在死地，士卒气勇，欲击之法，顺而勿抗，阴守其利，绝其粮道，恐有奇伏，隐而不睹，使吾弓弩，俱守其所。"

【十一　山地战】

吴王问孙武曰："敌人保据山险，常利而处之；粮食又足，挑之则不出，乘间则侵掠，为之奈何？"

孙武曰："分兵守要，谨备勿懈，潜探其情，密候其怠。以利诱之，禁其牧采，久无所得，自然变改。待离其固，夺其所爱。敌据险隘，我能破之也。"

1986 年四川广汉三星堆出土的古蜀国金面具

三、孙子生平史料三则

（一）《史记·孙武吴起列传》

孙子武者，齐[1]人也。以《兵法》见于吴王阖庐[2]。阖庐曰："子之十三篇[3]，吾尽观之矣，可以小试勒兵乎？"对曰"可。"阖庐曰："可试以妇人乎？"曰："可。"于是许之，出宫中美女，得百八十人。孙子分为二队，以王之宠姬二人各为队长，皆令持戟。令之曰："汝知而心与左右手背乎？"妇人曰："知之。"孙子曰："前，则视心；左，视左手；右，视右手；后，即视背。"妇人曰："诺。"约束既布[4]，乃设铁钺[5]，即三令五申之。于是鼓之右。妇人大笑。孙子曰："约束不明，申令不熟，将之罪也。"复三令五申而鼓之左。妇人复大笑。孙子曰："约束不明，申令不熟，将之罪也。既已明而不如法者，吏士之罪也。"乃欲斩左右队长。

吴王从台上观，见且斩爱姬，大骇。趣使使下令曰："寡人已知将军能用兵矣。寡人非此二姬，食不甘味，愿勿斩也。"

孙子曰："臣既已受命为将，将在军，君命有所不受。"

遂斩队长二人以徇。用其次为队长。于是复鼓之。妇人左右、前后、跪起皆中规矩绳墨，无敢出声。于是孙子使使报王曰："兵既整齐，王可试下观之。唯王所欲用之，虽赴水火犹可也。"吴王曰："将军罢休就舍，寡人不愿下观。"孙子曰："王徒好其言，不能用其实。"于是阖庐知孙子能用兵，卒以为将。西破强楚[6]，入郢；北威齐、晋[7]，显名诸侯，孙子与有力焉。

孙武既死，后百余岁有孙膑[8]。膑生阿、鄄[9]之间，膑亦孙武之后世子孙也……太史公曰：世俗所称师旅，皆道《孙子十三篇》。

✿ 注释 ✿

[1] 齐：春秋时东方大国，五霸之一。地域有今山东大部分、河北一小部分。

[2] 阖庐：吴王，又作阖闾。诸樊之子，名光，公元前514年使专诸刺杀王僚，自立为王。

[3] 十三篇：孙武献给吴王阖庐看的兵法十三篇著作，即今存《孙子》的最早书名。

[4] 布：宣布。约束既布，有关规定已讲明白。

[5] 铁钺：同斧钺。古代执法时杀人的大斧。

[6] 楚：春秋时南方大国，五霸之一。地域有今长江中游和洞庭湖以南地区，以及河南、安徽一小部分。

[7] 晋：春秋时中原大国，五霸之一。地域有今山西大部分，陕西、河南、河北一小部分。

[8] 孙膑：战国时军事家。齐国人，孙武的后代。曾与庞涓同学兵法。庞涓任魏将，嫉妒孙膑才能，处以膑刑（割去膝盖骨），故名"膑"。孙膑逃到齐国，被齐威王任为军师，与庞涓作战，数败庞涓。在马陵之战中大破魏军，庞涓自杀。

[9] 阿、鄄（juàn）：齐国地名。阿，今山东阳谷东；鄄，今山东鄄城北。

（二）《史记·伍子胥列传》

……阖庐立三年，乃兴师与伍胥、伯嚭[1]伐楚，拔舒[2]，遂禽故吴反二将军[3]。因欲至郢[4]，将军孙武曰："民劳，未可，且待之。"乃归。四年，吴伐楚，取六与灊[5]。五年，伐越，败之。六年，楚昭王使公子囊瓦[6]将兵伐吴。吴使伍员迎击，大破楚军于豫章[7]，取楚之居巢[8]。九年，吴王阖庐谓子胥、孙武曰："始子言郢未可入，今果何如？"二子对曰："楚将囊瓦贪，而唐、蔡[9]皆怨之。王必欲大伐之，必先得唐、蔡乃可。"阖庐听之，悉兴师与唐、蔡伐楚，与楚夹汉水而陈。吴王之弟夫概[10]，将兵请从，王不听，遂以其属五千人击楚将子常[11]。子常败走，奔郑。于是吴乘胜而前，五战，遂至郢。己卯，楚昭王出奔。庚辰，吴王入郢……后二岁……楚惧吴复大来，乃去郢，徙于都[12]。当是时，吴以伍子胥、孙武之谋，西破强楚，北威齐晋，南服越人……

❀ 注释 ❀

[1] 伯嚭：楚杀大臣伯州犁，其孙伯嚭逃奔吴国，被任为大夫。后得吴王夫差宠信，害死伍子胥。

[2] 舒：古舒国，春秋时属于楚国。今安徽省庐江县。

[3] 故吴反二将军：公子盖馀、烛庸，被吴王僚派去攻打楚国被困未归。闻阖庐政变夺权，投降楚国，楚封之于舒。

[4] 郢：春秋时楚国首都，今湖北江陵纪南城。

[5] 六与灊：六，古国名，春秋时属于楚国。今安徽省六安市北。灊，即潜，春秋时楚国属地，在今安徽省霍山县东北。

[6] 囊瓦：楚国公子子贞字子囊，其孙，名瓦，字子常，任楚令尹。

[7] 豫章：古地区名。《左传》杜预注：在江北淮水南。不是秦汉以后的南昌豫章郡。

[8] 居巢：巢，属楚小国。今安徽省巢湖市东北。

[9] 唐、蔡：姬姓国名。唐，在今湖北省随县西北。蔡，在今河南、安徽两省之间。

[10] 夫概：吴王阖庐弟弟。攻破郢都后，趁阖庐在楚之机，潜回吴国夺取王位。后被阖庐回师击败，投降楚国，楚封之堂溪

氏。堂溪，在今河南省南部，古代房国旧地。

[11] 子常：即楚令尹囊瓦，字子常。

[12] 郡（ruò）：楚地名，今湖北省宜城市。

（三）《吴越春秋·阖闾内传》[1]

……孙子者，名武，吴人也。[2] 善为兵法，辟隐深居，世人莫知其能。胥[3] 乃明知鉴辩，知孙子可以折冲销敌，乃一旦与吴王论兵，七荐孙子。吴王曰："子胥托言进士，欲以自纳。"而召孙子问以兵法。每陈一篇，王不知口之称善，其意大悦。问曰："兵法宁可以小试耶？"孙子曰："可。可以小试于后宫之女。"王曰："诺。"（情节同《史记·孙武传》，略）

吴王忽然不悦，曰："寡人知子善用兵，虽可以霸，然而无所施也。将军罢兵就舍，寡人不愿。"孙子曰："王徒好其言，而不用其实。"子胥谏曰："臣闻兵者凶事，不可空试。故为兵者，诛伐不行，兵道不明。今大王虔心思士，欲兴兵戈以诛暴楚，以霸天下而威诸侯，非孙武之将，而谁能涉淮逾泗[4]，越千里而战者乎？"于是吴王大悦，因鸣鼓会军，集而攻楚。孙子为将，拔舒，杀吴亡将二公子盖馀、烛庸。谋欲入郢，孙武曰："民劳，未可恃也。"[5]……

阖闾闻楚得湛卢[6]之剑，因斯发怒。遂使孙武、伍胥、白喜^[7]伐楚。子胥阴令宣言于楚曰："楚用子期^[8]为将，吾即得而杀之。子常^[9]用兵，吾即去之。"楚闻之，因用子常，退子期。吴拔六与潜^[10]二邑。

五年，吴王以越不从伐楚，南伐越。越王元常^[11]曰："吴不信前日之盟，弃贡赐之国，而灭其交亲。"阖闾不然其言。遂伐，破檇里^[12]。

六年，楚昭王使公子囊瓦伐吴，报潜、六之役。吴使伍胥、孙武击之，围于豫章。吴王曰："吾欲乘危入楚都而破其郢。不得入郢，二子何功？"于是围楚师于豫章，大破之。遂围巢，克之，获楚公子繁以归，为质。

九年，吴王谓子胥、孙武曰："始子言郢不可入，今果何如？"二将曰："夫战，借胜以成其威，非常胜之道。"吴王曰："何谓也？"二将曰："楚之为兵，天下强敌也。今臣与之争锋，十亡一存。而王入郢者，天也，臣不敢必。"吴王曰："吾欲复击楚，奈何而有功？"伍胥、孙武曰："囊瓦者，贪而多过于诸侯，而唐、蔡怨之。王必伐，得唐、蔡而可伐楚^[13]。"……吴王于是使使谓唐、蔡曰："楚为无道，虐杀忠良，侵食诸侯，困辱二君，寡人欲举兵伐楚，愿二君有谋。"唐侯使其子乾为质于吴。三国合谋伐楚。舍舟于淮汭^[14]，自豫章与楚夹汉水为阵。子常遂济汉而阵，自小别山至于大别山^[15]，三不利，自知不可进，欲奔亡。史皇^[16]曰："今子常无故与王共杀忠臣三人，天祸来下，王之所致。"子常不应。

十月，楚二师阵于柏举[17]。阖闾之弟夫概晨起请于阖闾曰："子常不仁，贪而少恩，其臣下莫有死志，追之必破矣！"阖闾不许。夫概曰："所谓臣行其志不待命者，其谓此也。"遂以其部五千人击子常。大败，走奔郑，楚师大乱。吴师乘之，遂破楚众。楚人未济汉，会楚人食，吴因奔而击破之。雍滞[18]五战，径至于郢。王迫于吴寇，出国将亡，与妹季芈[19]出河滩[20]之间，楚大夫尹固与王同舟而去。吴师遂入郢，求昭王……

十年，秦师未出。越王元常恨阖闾破之橋里，兴兵伐吴。吴在楚，越盗掩袭之。六月，申包胥[21]以秦师至，秦使公子子蒲、子虎率车五百乘，救楚击吴。二子曰："吾未知吴道。"使楚师前与吴战而即会之，大败夫概。七月，楚司马子成、秦公子子蒲与吴王相守，私以间兵伐唐，灭之。子胥久留楚求昭王，不去。夫概师败却退。九月，潜归，自立为吴王。阖闾闻之，乃释楚师，欲杀夫概。奔楚，昭王封夫概于堂溪。阖闾遂归。子胥、孙武、白喜留，与楚师于淮澨。秦师又败吴师。楚子期将焚吴军。子西曰："吾国父兄身战暴骨草野焉，不收，又焚之，其可乎？"子期曰："亡国失众，存没所在，又何杀生以爱死？死如有知，必将乘烟起而助我。如其无知，何惜草中之骨而亡吴国？"遂焚而战，吴师大败。子胥等相谓曰："彼楚虽败我余兵，未有所损我者。"孙武曰："吾以吴干戈西破楚，逐昭王而屠荆平王墓，割戮其尸，亦已足矣。"子胥曰："自霸王已来，未有人臣报仇如此者也。行去矣！"吴军去后，昭王反国。……

楚惧吴兵复往，乃去郢，徙于芳若[22]。当此之时，吴以子胥、白喜、孙武之谋，西破强楚；北威齐、晋；南伐于越。

☆ 注释 ☆

[1]《吴越春秋·阖闾内传》：东汉赵晔著。赵晔，字长君，会稽山阴（今浙江省绍兴市）人。曾任县吏，撰述春秋末期吴越两国相争为《吴越春秋》。该书卷四《阖闾内传》记有孙武事迹。《吴越春秋》最早的刊本是元大德十年版本，有徐天祜序言和音注，刻印较精。

[2]孙子者，名武，吴人也：孙武，齐人，避乱到吴国，后任吴将，故被称为吴人。

[3]胥：即伍子胥，名员，春秋时楚国人。父伍奢与兄均被楚平王杀害，逃奔吴国，辅佐吴王与楚国争霸。曾力荐孙武为将，破楚报仇，建立奇功，终被吴王夫差杀害。

[4]淮：即淮水，主干在今安徽省境内。泗：即古泗水，流经今山东、江苏等地。

[5]民劳，未可恃也：孙武认为战争胜利要依靠民众，民众疲劳了，军事力量即失去凭借，战争就很难取得胜利。吴军伐楚，

拔舒、杀将，消耗很大，民众的战事负担已经很重，需要休整，不宜再继续作战。春秋时，能看到民众的力量是军事力量的基础，非常可贵。

[6] 湛卢：宝剑名。春秋时越国欧冶子所铸剑，为吴王阖闾所有。传说阖闾葬女时，活埋生人殉葬死者，而该宝剑有灵性，厌恶阖闾无道，乃自行飞往楚国，为楚昭王所得。

[7] 白喜：即太宰伯嚭，故楚大夫伯州黎之孙。其祖父伯州黎为楚平王所杀，他逃奔吴国，被吴王阖闾任为大夫。后受贿卖国，迫害伍子胥。

[8] 子期：楚军司马。

[9] 子常：即囊瓦。楚国公子子囊之孙，名瓦，字子常。楚国令尹。

[10] 六：古代六国，春秋时属于楚国，在今安徽省六安市北。潜：楚国属地，在今安徽省霍山县东北。

[11] 元常：又作允常，春秋时越国国王。他与吴王阖闾交战，互相结怨。

[12] 樵（zuì）里：古代地名。又作醉李，在今浙江省嘉兴市西南。

[13] 唐：春秋时国名，姬姓，在今湖北省随县西北唐城镇，后被楚国所灭。蔡：春秋时国名，姬姓。故地在今河南、安徽两省之间，常被楚军逼迫，多次迁移。"得唐、蔡而可伐楚"，意即与唐、蔡两国建盟，绕过他们边境，得以攻击楚国的后方。

[14] 淮汭：古淮水隈曲之处，在今淮南地区。

[15] 小别山、大别山：古地名。小别山在今湖北省汉川市东南，一名甑山。大别山在今湖北省武汉市汉阳区东北，一名鲁山。不是今在湖北、安徽两省交界的大别山。

[16] 史皇：楚国大夫。

[17] 柏举：春秋时楚国地名。故地在今湖北省麻城市境内。

[18] 雍滞：地名。《左传》作雍澨，在今湖北省京山市境内。

[19] 季芈（mǐ）：楚平王女儿。

[20] 澨：澨水，即沮水，在湖北省西部。

[21] 申包胥：楚国大夫。姓公孙，封于申，故号申包胥。吴师入郢，申包胥入秦乞求秦哀公发兵救楚，依庭墙而哭，七日七夜口不绝声，秦乃为之发兵，助楚昭王返国。

[22] 芴若：楚国地名。徐天祐注："芴若，字误，当作鄀。"鄀音若，故城在今湖北省宜城市。

1969 年甘肃省武威市雷台出土的脚踏飞鸟奔驰的铜千里马

后记

　　关于《孙子》，我读读写写，历经三十年。主要有两大难点不易突破。一是语言关。《孙子》的语言在古代汉语中既苍古又富有韵律，难免削足适履，加上方言、古今音变，留下了不少难点。前代注家常以"错简""字讹"随意改动文本，固不足为法；今人又多从上下文猜测意译，更难合作者本意。或把译文单列，再加重重注解，反而增加不少阅读负担。因此，我追求一种简明通俗本，译注互文见义，删繁就简，抓住要领。既不是简单直译，又力避烦琐意解。译文留住原作韵味，又达到现代汉语规范。这虽心向往已久，尚不知能做到多少。本书版本以孙星衍校宋本《孙子十家注》为底本，参校武经和银雀山汉简。对众人疑义，择善而从，并加注说明之。

　　二是认识深度。《孙子》是举世公认的"兵学圣典"。流传两千五百多年，愈到后来愈加受人重视。当今世界，无论政治、外交、经济、军事、科研、体育、管理等方方面面，无不将其奉为经典而深入研究。因为《孙子》讨论战争是从"法"的角度，也就是上升到对抗哲学的高度。普及本的读者所关心的，应该就是书中蕴含的具有普遍性的哲理。南宋名将宗泽指导岳飞读兵法，岳飞的体会是："运用之妙，存乎一心！"当今各行各业热学《孙子》，是否确有实效，就看各人的"运用之妙，存乎一心"了。也就是说，善于将理论联系实际，把普遍哲理与具体情况相结合，而有自己的创新。因此，本书在每篇题解和导语中，予以重点突出。例如，孙子首创"决策预测学"，他的"五事七计"预测法，从国家大事到个人创业，都是不能忽视的。他的治军、强军方略，可以移植到现代企业管理中。许多原则大有实用价值。全书充满着"矛盾对立，无不在一定条件下向对立面转化"的辩证思维。立论客观是可变的，可以激励人们奋斗创造。"先为不可胜，以待敌之可胜。不可胜在己，可胜在敌。"（《形篇第四》）这是强调总结经验教训。克服缺点，"不可胜在己"，却是取胜的根本。"知彼知己者，百战不殆；不知彼而知己，一胜一负；不知彼不知己，每战必殆。"（《谋攻篇第三》）这是提示"知己"比"知彼"更难。人之常情，英雄豪杰往往就败在"不知己"的坎上。

此外，《孙子》研究战争究竟出于好战还是反战？我们如何从他所论的战略战术中读出破解的意思？《孙子》的出现与"春秋无义战"有何关系？《孙子》语言的时代特色与内容何以有所差异？这些都是读懂《孙子》不能不知的问题。本书只能简略提及，希望有兴趣的读者进一步研究。今年恰好是我从复旦大学毕业六十周年，竭尽余力编成此书，聊以答谢老师、学友和家人的教导、帮助、支持！

　　《孙子》研究已是千百年来传统文化一支显学。前辈学人勇敢开拓，给后人提供了良好的研究基础。孔子说："后生可畏，焉知来者之不如今也？"薪火相传，代代应有所前进。当今，处在原子弹、导弹和互联网的新时代，社会矛盾错综复杂，我们必须进一步从《孙子》的对抗哲学中寻求化解矛盾、战胜困难的智慧和方法。我国正处在摆脱贫困向共同富裕发展的关键时刻，如何在经济生活中活用《孙子》的战略战术，克难创新，开拓新局面，应是大家关心的大事。故不嫌冒昧，谨此奉请读者指教。希望引起第一线人士研读《孙子》的热情，涌现"运用之妙"，总结解决实际问题的论著。

　　感谢浙江大学教授、浙江省特级专家、复旦校友束景南先生审读作序，热心推介本书。

黄绍筠　时年九十一岁

2021 年 2 月 5 日于杭州求智巷